STEPHEN FOX HUBERTUS WYNANDS

Taal vitaal

NIEDERLÄNDISCH FÜR ANFÄNGER

Arbeitsbuch

Max Hueber Verlag

Das Taal vitaal-Team

Konzeption und
Verlagsredaktion: Stephen Fox

Arbeitsbuch: Hubertus Wynands

Berater: Bernd Morsbach,
Marion Binneveld-Wich

Hartelijk dank voor de medewerking:
Annemarie Diestelmann, Wilma Eeftink

€ 3. 2. 1. | Die letzten Ziffern
2006 05 04 03 02 | bezeichnen Zahl und Jahr des Druckes.
Alle Drucke dieser Auflage können, da unverändert,
nebeneinander benutzt werden.
3. aktualisierte Auflage 2002

Umschlaggestaltung: Martin Wittenburg, München
Zeichnungen: Ofzcarek! Köln; Paul Netzer, Berlin
Layout und Herstellung: Astrid Hansen, München
Lithographie: Design Typo Print GmbH, Ismaning
Druck und Bindung: Friedrich Pustet, Regensburg
Printed in Germany
ISBN 3-19-015252-7

Vorwort

In diesem Arbeitsbuch zu Ihrem Lehrwerk **Taal vitaal** werden der Lernstoff, der im Unterricht eingeführt wurde und die Fertigkeiten, die Sie im Unterricht erworben haben, weiter vertieft und geübt.
Jede der 20 Lektionen ist in zwei Abschnitte unterteilt:

Erläuterungen Im diesem Abschnitt befinden sich Erläuterungen zur Grammatik der Lektion sowie zum Sprachgebrauch und zur Landeskunde. Wichtige Formen und Beispiele werden durch eine Rasterfläche hervorgehoben.

Übungen Im zweiten Abschnitt befinden sich neben schriftlichen Übungen:

Aussprachetraining Am Anfang der Lektionen 1 bis 10 werden Laute, Wortbetonung und Satzmelodie des Niederländischen geübt.

Hörverständnisübungen Hier gilt es, wie im Lehrbuch, die gestellte Aufgabe zu lösen und nicht jedes Wort zu verstehen. Sie haben aber die Möglichkeit, die Texte so oft zu hören, wie Sie wollen. Die Texte sind im Schlüssel abgedruckt.

Leseverständnisübungen Didaktisch aufbereitete authentische Texte vervollständigen die Übungen ab Lektion 11. Wie bei den Hörverständnisübungen gilt es, die gestellte Aufgabe, zunächst ohne Wörterbuch, zu lösen.

Dieses Symbol weist auch auf Übungen zur Erweiterung des Wortschatzes hin.

Lerntipps Weitere Vorschläge zum effektiveren Lernen.

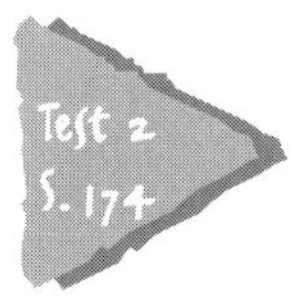

Im Anhang finden Sie **Tests**, die nach den Lektionen 5, 10, 15 und 20 gemacht werden sollten. Mit diesen Tests können Sie selbst Ihre Fortschritte überprüfen und eventuelle Schwachstellen beseitigen.

Im **Anhang** befinden sich neben den Tests:

- eine **Ausspracheübersicht** zur schnellen Orientierung
- eine **Liste der starken Verben** zum Nachschlagen und Lernen
- eine **Liste der Grammatikbegriffe** Deutsch / Niederländisch Wie heißt „Artikel" auf Niederländisch?, Was ist denn eigentlich ein „Adjektiv"?
- der **Lösungsschlüssel** zur Selbstkontrolle der Übungen
- ein **Grammatik- und Sachregister** In welcher Lektion habe ich ... gelernt?

Bevor Sie aber mit der ersten Lektion anfangen, sollten Sie sich die Zeit nehmen, die zwei Seiten zum Thema **„Lernen zu Hause"** und die Seite **„Das Wichtigste in Kürze"** zu lesen. Sie sind konzipiert, um Ihnen zu einem guten Start und einem erfolgreichen weiteren Verlauf Ihres Kurses zu verhelfen.

Ihr **Taal vitaal**-Team

Inhalt

Lernen zu Hause

Bevor Sie mit den Übungen in diesem Arbeitsbuch beginnen, möchten wir Ihnen einige Vorschläge mit auf den Weg geben, wie Sie das Lernen zu Hause erfolgreicher und angenehmer gestalten können. Zuerst einige allgemeine Tipps:

- ▷ Versuchen Sie zu Hause zusammenzufassen, was Sie im Unterricht gelernt haben. Ihnen wird dadurch klar, was Sie verstanden haben und was nur halb. Dann können Sie mit Hilfe Ihres Buches Klarheit schaffen oder, wenn Ihnen das nicht gelingt, Ihrem Kursleiter / Ihrer Kursleiterin bei der nächsten Gelegenheit Fragen stellen.
- ▷ Lieber häufiger kurz als einmal lang! Fünfzehn Minuten jeden Tag oder jeden zweiten Tag ist besser als nur einmal pro Woche eine Stunde oder länger.
- ▷ Versuchen Sie immer zu einer bestimmten Zeit zu lernen; man schiebt oft hinaus, was nicht fest eingeplant ist, und schon ist die nächste Unterrichtsstunde da, ohne dass man etwas dafür getan hat.
- ▷ Fragen Sie die anderen Kursteilnehmer, wie sie lernen. Vielleicht hat der eine oder andere einen guten Tipp. Vergessen Sie dabei aber nicht, dass jeder Lerner seinen eigenen Stil entwickeln muss.
- ▷ Investieren Sie eine halbe Stunde um herauszufinden, wie Ihr Wörterbuch funktioniert. Es lohnt sich!

Wortschatz

Die erste Regel beim Vokabellernen lautet: Wörter immer im Zusammenhang lernen. Es gibt viele Methoden, sich neue Vokabeln einzuprägen, aber die unwirksamste aller Methoden ist, sie in einer alphabetischen Liste zu lernen, völlig ohne Zusammenhang. Hier einige Vorschläge, wie Sie Ihre Wortschatzarbeit effektiver gestalten können:

- ▷ Es gibt Wörterbücher für Kinder, die Vokabeln in Wortgruppen bildlich darstellen. Diese sind meist farbig und eignen sich gut, sich einen gewissen Grundwortschatz im Kontext anzueignen.
- ▷ Man kann Gegenstände, die sich im Haus befinden, mit dem Namen des Objektes (auf einem Zettel) versehen, damit man jedes Mal, wenn man den Gegenstand sieht, an dessen niederländische Bezeichnung erinnert wird. Wenn sich diese Begriffe eingeprägt haben, kann man ein passendes Verb dazuschreiben (*televisie –aan-/afzetten*).
- ▷ Wenn man sich etwas merken will, ist es nützlich, es zusammen mit einem anderen Reiz im Gehirn zu verankern. Das kann ein Bild, ein Gefühl, eine Bewegung oder eine andere Sinneswahrnehmung sein. Durch die Melodie schaffen es Kleinkinder z. B., längere Texte in Form von Liedern auswendig zu lernen. Versuchen Sie mal, Verben mit einer körperlichen Bewegung zu verbinden, so dass Sie an das niederländische Wort denken müssen, wenn Sie die Bewegung machen. Oder denken Sie an ein Geräusch, mit dem Sie eine Tätigkeit und deren niederländische Entsprechung verbinden.
- ▷ Eine weitere Möglichkeit sich Vokabeln zu merken besteht darin, sich dafür ständig neue Zusammenhänge auszudenken, indem Sie sie sinnvoll ordnen, klassifizieren, assoziieren usw. Sie haben zum Beispiel das Wortfeld *eten* (essen) im Unterricht gelernt und möchten zu Hause diese Wörter wiederholen. Versuchen Sie es mit Hilfe einer sogenannten „Wortspinne".

Hier einige Möglichkeiten:

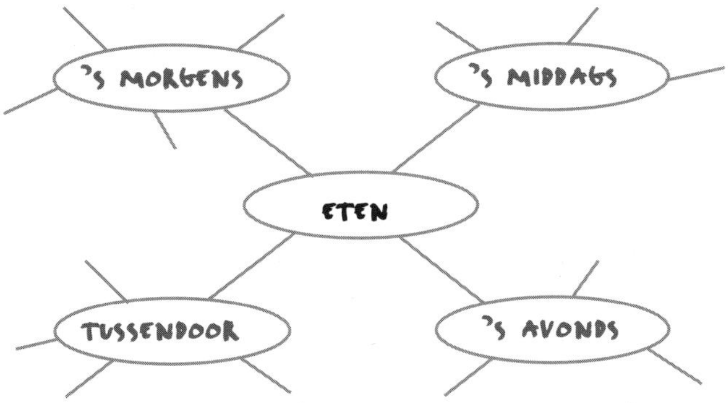

Denkbar wären auch folgende Zuordnungen:

DINGE, DIE MAN WARM / KALT / SOWOHL WARM ALS AUCH KALT ISST

DINGE, DIE ICH NUR ZU HAUSE / NUR AUSWAERTS / SOWOHL ZU HAUSE ALS AUCH AUSWAERTS ESSE

Eine gefühlvollere Unterteilung wäre z. B. folgende Rangordnung:

DIE 10 SACHEN, DIE ICH AM LIEBSTEN ESSE.

Lassen Sie Ihrer Fantasie freien Lauf: Je ausgefallener die Gruppierung, desto besser werden Sie sich die Wörter merken.

Grammatik

Sie werden schon gemerkt haben, dass Grammatik in ***Taal vitaal*** nicht die Rolle spielt wie vielleicht früher in der Schule. Sie ist kein Lernziel an sich, sondern dient lediglich zur Systematisierung und Kontrolle des Gelernten.
Viel wichtiger als Grammatikregeln zu lernen ist es, sich die Sprache anzueignen, die Sie brauchen um Ihre Bedürfnisse und Meinungen mitzuteilen und die von anderen verstehen zu können. Grammatik wird in ***Taal vitaal*** in drei Stufen behandelt: Innerhalb der Lektion in Form von „Grammatikzetteln" (*Let op!*), zusammengefasst auf der letzten Seite der Lektion und hier im Arbeitsbuch.
Bei den Grammatikzetteln handelt es sich um neue Formen und Strukturen, die Sie unmittelbar für eine kommunikative Übung brauchen. Auf der letzten Seite der Lektion finden Sie die neuen Formen und Strukturen der Lektion in tabellarischer Form. In den einzelnen Lektionen des Arbeitsbuches finden Sie ausführliche Erklärungen zu den im Lehrbuch eingeführten Grammatikphänomenen.
Darüber hinaus gibt es auf Seite 7 „ein bisschen Grammatik vorab" mit den allerwichtigsten Formen und Satzbaumustern des Niederländischen für den Anfang. Denn mit einigen wenigen Informationen kann man sich einen Einblick in das grammatische System verschaffen.

Hörverstehen

Sie sollen wissen, dass Sie nicht jedes Wort des Textes einer Hörverständnisübung verstehen werden, ja verstehen müssen. Vielmehr geht es bei diesen Übungen darum, die gestellte Aufgabe zu lösen. Wenn Sie in den Niederlanden oder in Flandern um eine Information bitten, werden Sie wahrscheinlich auch nicht jedes Wort Ihres Gesprächspartners verstehen und können dennoch folgen. Genau diese Fertigkeit soll trainiert werden.

- ▷ Sollten Sie trotz mehrmaligen Hörens einen Hörtext im Arbeitsbuch nicht verstehen, können Sie den genauen Wortlaut im Schlüssel lesen. Tun Sie dies aber nur, nachdem Sie versucht haben, die gestellte Aufgabe zu lösen!
- ▷ Machen Sie es sich zur Gewohnheit, täglich die Nachrichten auf Niederländisch zu hören. Die wichtigsten Ereignisse, Namen, Orte usw. werden Sie aus der Tagespresse schon kennen. Das erleichtert das Verstehen und Sie werden bald merken, dass Sie genug mitbekommen, um sogar einzelne unbekannte Wörter nachschlagen zu können.

Sprechen

Richtiges Sprechen können Sie nur mit jemandem üben, der die Sprache beherrscht. Es gibt allerdings einiges, was man tun kann um mündliches Kommunizieren vorzubereiten:

- ▷ Üben Sie die Aussprache und Satzmelodie. Das können Sie anhand der Übungen in diesem Arbeitsbuch. Darüber hinaus können Sie die Dialoge des Lehrbuches und die Ausspracheübungen des Arbeitsbuches auf Band nachsprechen und dann Ihre Aussprache mit der, die Sie auf der Cassette bzw. CD hören, vergleichen. So entdecken Sie selbst, wo Sie Ihre Aussprache noch verbessern können.
- ▷ Wiederholen Sie die Dialoge mit Hilfe der Cassetten bzw. CDs, aber belassen Sie es nicht dabei. Versuchen Sie auch, die Dialoge mit eigenen Worten zusammenzufassen. Oder schreiben Sie mit einem Partner verschiedene Varianten des Dialogs, z. B. mit anderen Personen oder an einem anderen Ort und üben Sie sie anschließend.

Lesen

Wie beim Hörverstehen sollten Sie nicht den Fehler machen, jedes Wort eines Textes auf Anhieb verstehen zu wollen. Versuchen Sie vielmehr die globale Bedeutung zu erfassen. Entscheiden Sie dann, welche Wörter für ein genaueres Verstehen von Bedeutung sind und schlagen Sie diese nach. Zur Kontrolle können Sie dann versuchen, den Text schriftlich zusammenzufassen.

- ▷ Kaufen Sie ab und zu eine Zeitung oder Zeitschrift in niederländischer Sprache, aber eine, die Ihnen zusagt, damit Sie sie auch gern lesen.
- ▷ Surfen Sie im Internet. Tipp: www.zoek.nl oder www.vlaanderen.be

Schreiben

Wenn Sie eine Übung im Arbeitsbuch gemacht haben, vergleichen Sie Ihre Lösungen mit denen im Schlüssel. Schreiben Sie immer mit Bleistift, damit Sie zu einem späteren Zeitpunkt Ihre Antworten ausradieren und zur Wiederholung noch einmal schreiben können.

- ▷ Versuchen Sie, eine Zeit lang Tagebuch auf Niederländisch zu führen. Beschreiben Sie darin Ihren Tagesablauf oder auch den der letzten Tage, wenn Sie nicht täglich genügend Zeit zum Schreiben finden.

Das Wichtigste in Kürze

Hier einige wenige Regeln vorab, die einen schnellen Überblick der niederländischen Rechtschreibung und Grammatik vermitteln sollen.

Zur Rechtschreibung

Lediglich Wörter am Satzanfang, Eigen- und Ländernamen und deren Ableitungen (z. B. Adjektive) werden großgeschrieben, nicht wie im Deutschen Substantive allgemein.

Hij heeft een ***Duitse*** *vriendin.*	Er hat eine deutsche Freundin.

Zur Aussprache siehe Ausspracheübersicht Seite 180.

Zur Grammatik

- Es gibt im Niederländischen nur zwei grammatische Geschlechter, männlich/weiblich und sächlich. Folglich gibt es zwei bestimmte Artikel: ***de*** bei nicht-sächlichen Substantiven und ***het*** bei sächlichen.

de *man/vrouw*	der Mann/die Frau
het *kind*	das Kind

Es gibt nur einen unbestimmten Artikel: ***een***.

een *man/vrouw/kind*	ein Mann/eine Frau/ein Kind

- Artikel und Substantive werden nicht wie im Deutschen aufgrund ihrer Funktion im Satz dekliniert, sondern sie bleiben wie z. B. im Englischen unverändert. Satzgegenstand und Ergänzung erkennt man an ihrer Position im Satz.

De *man zag* ***de*** *man.*	Der Mann sah den Mann.
Een *vrouw hielp* ***een*** *vrouw.*	Eine Frau half einer Frau.

Lediglich bei den Personalpronomen gibt es verschiedene Fälle, aber nur einen Subjekt- (Nominativ) und einen Objektfall (Akkusativ + Dativ).

Hij zag ***hem.***	Er sah ihn.

- Es gibt nur eine Adjektivendung: ***-e***.

*de grot**e** man*	der große Mann
*het klein**e** kind*	das kleine Kind
*een grot**e** man*	ein großer Mann
*grot**e** vrouwen*	große Frauen

Nach dem unbestimmten Artikel *een* erhält ein Adjektiv, das sich auf ein sächliches Substantiv bezieht, *keine* Endung.

een klein kind	ein kleines Kind

- Das Verbsystem ist dem Deutschen sehr ähnlich. Die Gegenwarts-, Vergangenheits- und Zukunftsformen werden weitgehend wie im Deutschen gebildet und verwendet.

Ik ***sta*** *om zes uur* ***op.***	Ich stehe um sechs Uhr auf.
Ik ***ben*** *om zes uur* ***opgestaan.***	Ich bin um sechs Uhr aufgestanden.
Ik ***sta morgen*** *om zes uur* ***op.***	Ich stehe morgen um sechs Uhr auf.

Dag!

Erläuterungen

Die Personalpronomen (Singular)

Subjekt (Satzgegenstand)		
unbetonte Form	betonte Form	
ik	**ik**	ich
je	**jij**	du
u	**u**	Sie
(ie)	**hij**	er
ze	**zij**	sie
('t)	**het**	es

- Die in Klammern stehenden Formen werden in der Regel nur gesprochen.

Unbetonte Formen von Personalpronomen

Fast alle Personalpronomen haben neben der vollen Form auch eine Kurzform, die in unbetonter Stelle vorkommt. **In der gesprochenen Sprache ist die Kurzform der Normalfall**, denn Pronomen werden nur in bestimmten Situationen betont. Vergleichen Sie folgende Beispiele aus dieser Lektion:

*En waar kom **je** vandaan?*
*... ik woon nu in Berlijn. En waar kom **jij** vandaan?*

Die erste Frage ist die neutrale Frage: „Wo<u>her</u> kommst du?" Hier liegt die Betonung auf „her" (*vandaan*). Nachdem der zweite Sprecher die Frage beantwortet hat, will er dem Gesprächspartner dieselbe Frage stellen: „Und woher kommst <u>du</u>?" Weil das Personalpronomen extra betont wird, wird die Vollform verwendet.

Auch die Personalpronomen ***hij*** und ***het*** werden in der gesprochenen Sprache abgekürzt (***ie*** und ***'t***), in der geschriebenen Sprache ist es nicht üblich. Wir haben uns in *Taal vitaal* an diese Konvention gehalten, obwohl die Schreibweise der Pronomen sonst der gesprochenen Form entspricht.

Rechtschreibung: Groß- und Kleinschreibung

Im Niederländischen werden nur Eigennamen, geographische Bezeichnungen und Wörter am Satzanfang großgeschrieben. Adjektive, die sich von Eigennamen und geographischen Bezeichnungen ableiten, werden – wie z. B. im Englischen – auch großgeschrieben: *Spanje - de Spaanse les.*

Das Präsens

Bildung

▷ Zwei Begriffe vorab, die für die Bildung des Präsens wichtig sind:

- Infinitiv (Grundform des Verbs) ***denken***
- Verbstamm (= in der Regel die Grundform minus ***-en***) ***denk***

ik	denk
je/jij	denkt
u	denkt
hij / ze/zij/het	denkt

- Im Singular gleicht die 1. Person dem Verbstamm.
- Die anderen Formen haben ein ***-t.***
- Es gibt nur eine Form im Plural. Sie gleicht der Grundform des Verbs. Mehr darüber in Lektion 2.

Zur Schreibweise

Die Silbentrennung spielt eine entscheidende Rolle bei der Rechtschreibung des Niederländischen. Folgt ein Konsonant einem einzelnen Vokal, trennt man das Wort nach dem Vokal: ***wo • nen.*** Die erste Silbe ist „offen", der Vokal daher lang. Folgen zwei oder mehr Konsonanten einem einzelnen Vokal, trennt man das Wort zwischen den Konsonanten: ***zit • ten.*** Die erste Silbe ist „geschlossen", der Vokal daher kurz.

wo • nen (offene Silbe, langes ***o***) ***zit• ten*** (geschlossene Silbe, kurzes ***i)***

Was bedeutet diese Regel für die Beugung eines Verbs? Vergleichen Sie:

ik	woon
je/jij	woont
u	woont
hij/ ze/zij / het	woont

- Damit das lange ***o*** der Grundform erhalten bleibt, verdoppelt man den Vokal des Verbstamms.

ik	zit
je/jij	zit
u	zit
hij/ze/zij / het	zit

- Umgekehrt wird beim Verbstamm die Verdoppelung eines Konsonanten wie in der Grundform (z.B. ***zitten)*** überflüssig. Hier wird auch nicht die übliche ***-t***-Endung der 2. und 3. Personen angehängt. Am Ende eines Worts steht im Niederländischen nie ein Doppelkonsonant!

ik	kom
je/jij	komt
u	komt
hij/ze/zij / het	komt

- Eine Ausnahme zu dieser Regel bildet das Verb ***komen.*** Hier ändert sich die Vokallänge von der Grundform zum Präsens Singular, und zwar wird der lange Vokal der Grundform im Präsens Singular kurz.

ik	ga
je/jij	gaat
u	gaat
hij/ze/zij / het	gaat

- Es gibt auch eine kleine Gruppe einsilbiger Verben, die in der Grundform lediglich eine ***-n***-Endung haben. Eins davon haben Sie in dieser Lektion kennen gelernt: ***gaan.***

Les 1

ik	schrijf	kies
je/jij	schrijft	kiest
u	schrijft	kiest
hij / ze/zij / het	schrijft	kiest

- Die stimmhaften Konsonanten *v* und *z* werden zu stimmlosen ***f*** und ***s*** im Auslaut. Beispiele: ***schrijven, kiezen***

Anwendung

Das Präsens wird wie im Deutschen für gerade ablaufende Handlungen und Zustände verwendet, aber auch für solche, die über die unmittelbare Gegenwart hinausgehen:

Ik woon in Zeist. Ich wohne in Zeist.

Allgemein gültige Aussagen werden auch im Präsens ausgedrückt:

Nederland ligt in Europa. Die Niederlande liegen in Europa.

Weitere Verwendungen des Präsens siehe Lektion 5 (sich wiederholende Handlungen) und Lektion 11 (zukünftige Handlungen).

Fragen

Fragen bildet man wie im Deutschen entweder durch Inversion (Austausch von Subjekt und Verb):

Ze woont in Zeist. → *Woont ze in Zeist?*

oder mit Hilfe von Fragewörtern: ***Waar** woont ze?*

Die Endung ***-t*** entfällt in der zweiten Person Singular, wenn *je/jij* dem Verb folgt:

Woon_ je in Zeist? gegenüber *Woont u in Zeist?*

Die Hilfsverben *zijn* und *kunnen*

Diese Verben werden Hilfsverben genannt, weil sie in Verbindung mit anderen Verben verwendet werden.
Zijn (sein) und auch ***hebben*** (haben) werden sowohl als Vollverb wie hier in Lektion 1 als auch als Hilfsverb bei der Bildung anderer Verbformen verwendet.

Ik ben Marijke. Ich bin Marijke.

ik	ben	
je/jij	bent	ben je?
u	bent	
hij/ze/zij/het	is	
dit/dat		

Kunnen (können) wird oft in Verbindung mit einem Vollverb verwendet.

Kunt** u dat even **spellen? Können Sie das buchstabieren?

Es kann auch als Vollverb verwendet werden:

***Kan** dat?* Geht das?
– Nee, dat kan niet. Nein, das geht nicht.

ik	kan	
je/jij	kan/kunt	kan/kun je?
u	kan/kunt	
hij/ze/zij/het	kan	
dit/dat	kan	

Weitere Hilfsverben dieser Art lernen Sie in den nächsten Lektionen kennen.

Das Alphabet

Das niederländische Alphabet enthält wie das deutsche 26 Buchstaben. *IJ* gilt als ein Buchstabe (Achtung: Kreuzworträtsel!) und wird auch, wo notwendig, großgeschrieben. *Y* wird im niederländischen Alphabet wie *ij* ausgesprochen, obwohl der Buchstabe eigentlich *„i-grec"* oder *„ypsilon"* heißt.

Nationalitäten

Sie haben in Lektion 1 die europäischen Ländernamen und einige Nationalitäten gelernt. Da die Bildung der Formen der Nationalitäten unregelmäßig ist und man ohnehin im Niederländischen dazu neigt, die Formulierung ***„Ik kom uit …"*** zu verwenden, werden weitere Nationalitäten erst später in diesem Kurs eingeführt (Lektion 20).

Übungen

Aussprachetraining

1 g (CD 1)

Der Laut, der mit den Buchstaben *g* bzw. *gg* oder auch *ch* dargestellt wird, ist ein fürs Niederländische typisches Merkmal, zumindest empfinden es so die meisten Besucher der Niederlande. Allerdings gibt es einen ähnlichen Laut im Deutschen, nämlich das stimmlose *ch* (phonetisch [x] geschrieben), z.B. in „ach". Dieser Laut ist fast identisch mit dem niederländischen *g* im Auslaut. Im Anlaut und zwischen Vokalen wird dieser Laut stimmhaft.
Sprechen Sie folgende Wörter nach:

im Auslaut: ***dag, dialoog, nog, prettig***
im An- und Zwischenlaut: ***goedemorgen, geboren, begroeting***

2 lange und kurze Vokale: *a* (CD 2)

Vokale im Niederländischen sind generell etwas kürzer als im Deutschen. Man spricht von kurzen und halblangen bzw. langen Vokalen. ***A*** z.B. wird erst wirklich lang vor einem ***r***.

a) Sprechen Sie folgende Wörter nach und achten Sie darauf, wie sich auch die Klangfarbe von dunkel bis hell verändert.
kurz: ***dag, Amsterdam, stad, van, Spanje***
halblang: ***avond, Aken, maken, Spaans, naam, gaan***
lang: ***maar, elkaar, waar***

b) Kreuzen Sie an, ob Sie ein kurzes oder ein halblanges bzw. ein langes ***a*** hören.

	kurz	halblang/lang
1.	X	
2.		
3.		
4.		
5.		
6.		
7.		
8.		
9.		
10.		

Sprechen Sie nun die Wörter nach.

3 Wortbetonung (CD 3)

Hören Sie folgende zweisilbige Wörter aus Lektion 1 und kreuzen Sie jeweils das passende Betonungsmuster an.

	Oo	oO
1.	X	
2.		
3.		
4.		
5.		
6.		
7.		
8.		
9.		
10.		

Sprechen Sie nun die Wörter nach.

4 Intonation (CD 4)

Hören Sie folgende Sätze aus Lektion 1 und kreuzen Sie an, ob es sich um einen Aussagesatz oder eine Frage handelt.

	Aussagesatz	Frage
1.		
2.		
3.		
4.		
5.		
6.		

Sprechen Sie nun die Sätze nach. Achten Sie dabei auf die Satzmelodie.

5 Begrüßungen

Setzen Sie den passenden Gruß ein.

- Goedemorgen!
- Goedenavond, meneer Zandstra.
- Dag, ik ben Jaap.
- Tot ziens!
- Goedemiddag!

1 Goedemorgen!   2 Dag, ik ben Jaap!

3 Goedemiddag!   4 Tot ziens!   5 Goedenavond, meneer ...

6 Ergänzen Sie die Form des Präsens.

1. hij komt .... komen
2. je ben .... zijn
3. ze woont .... wonen
4. Gaa .... je? gaan
5. dat klinkt .... klinken
6. ik vertel .... vertellen
7. Heet .... u? heten

7 Ergänzen Sie die Form des Präsens.

1. Ik woon .... in Aken. wonen
2. Kom .... je uit Nederland? komen
3. Zij ~~kunt~~ kan .... ons voorstellen. kunnen
4. Dat zijn .... Pieter de Maas. zijn
5. Woont .... u hier in Amsterdam? wonen
6. Hoe heet .... je? heten
7. Ik ga .... naar Zwitserland. gaan

8 Welches Wort passt nicht in die Reihe?

1.	morgen	avond	hoi	middag
2.	is	ben	bij	bent
3.	uit	met	op	hoe
4.	België	Nederlands	Duitsland	Frankrijk
5.	u	een	ik	hij

9 Setzen Sie die richtige Präposition ein.

in · op · bij · met · uit · aan

1. Mevrouw Jonker is .... kantoor.
2. Kom jij ook .... Nederland? Ja, maar ik woon .... Hamburg.
3. Vertel nu .... de klas.
4. Prettig .... u kennis te maken.
5. Wat hoort .... elkaar?

10 Wie lautet die Frage?

1. .... In Aken.
2. .... Nee, ik woon in Münster.
3. .... Nee, deze stoel is nog vrij.
4. .... Nee, ik ben dr. van Laar.
5. .... Nee, ik kom uit België.
6. .... Ik heet Nellie.
7. .... Ja: Z-W-O-L-L-E.

11 Übersetzen Sie folgende Sätze ins Niederländische.

Woher kommst du? 1. ....

Wo wohnen Sie? 2. ....

Wohnen Sie auch in den Niederlanden? 3. ....

– Ja, aber ich bin in Deutschland geboren. 4. ....

Kannst du das mal buchstabieren? 5. ....

Das stimmt! 6. ....

Ich bin im Büro. 7. ....

Les 1

12 Kreuzworträtsel

Übersetzen Sie die deutschen Wörter und setzen Sie sie ein.
(Bitte beachten Sie: *ij* gilt als 1 Buchstabe!

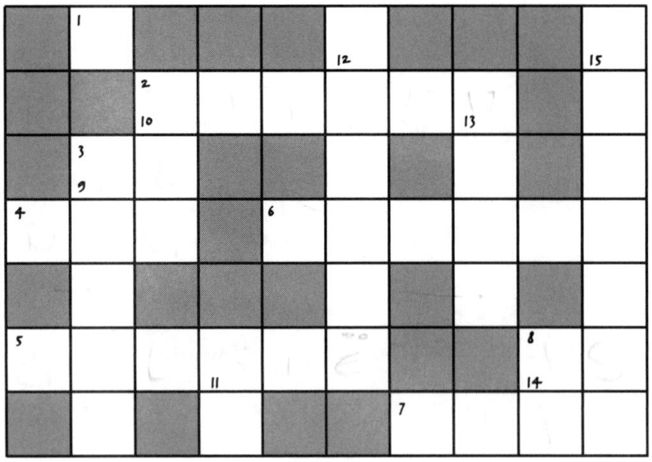

Waagrecht

1. Sie
2. sitzen
3. er
4. (ich) bin
5. Belgien
6. Ort
7. (du) kannst
8. (er/sie) ist

Senkrecht

9. heißen
10. sein
11. (ich) gehe
12. Italien
13. Name
14. uit ≠
15. Kursteilnehmer

TIPP LERNEN

Hörverständnisübungen

Hören Sie am besten einen Hörverständnistext einmal an, lesen Sie dann die Fragen dazu und hören Sie danach den Text noch einmal, bevor Sie versuchen die Aufgaben zu lösen.

13 Hörverstehen 5

Zwei Personen, Jan und Leonie, lernen sich auf einer Party kennen.
Hören Sie zu und kreuzen Sie die richtige Lösung an.

1.	Jan komt uit	a) Duitsland.	b) België.	c) Nederland.
2.	Hij woont in	a) Duitsland.	b) België.	c) Nederland.
3.	Hij is geboren in	a) Nederland.	b) vlakbij Hengelo.	c) Osnabrück.
4.	Leonie woont in	a) Düsseldorf.	b) Antwerpen.	c) Leiden.
5.	Het gesprek is	a) formeel.	b) informeel.	

14 Zu Ihrer Person

Schreiben Sie einige Sätze zu Ihrer Person: Wie Sie heißen, woher Sie kommen, wo Sie wohnen und was Sie sonst noch auf Niederländisch formulieren können.

Hoe gaat het?

Erläuterungen

Die Personalpronomen

Subjekt (Satzgegenstand)			**Objekt** (Satzergänzung)		
unbetonte Form	betonte Form		unbetonte Form	betonte Form	
ik	**ik**	ich	**me**	**mij**	mich/mir
je	**jij**	du	**je**	**jou**	dich/dir
u	**u**	Sie	**u**	**u**	Sie/Ihnen
(ie)	**hij**	er	**('m)**	**hem**	ihn/ihm
ze	**zij**	sie	**('r/d'r)**	**haar**	sie/ihr
('t)	**het**	es	**('t)**	**het**	es/ihm
we	**wij**	wir	**ons**	**ons**	uns
jullie	**jullie**	ihr	**jullie**	**jullie**	euch
u	**u**	Sie	**u**	**u**	Sie/Ihnen
ze	**zij**	sie	**ze**	**hen, hun**	sie, ihnen

Die in Klammer stehenden Formen werden in der Regel nur gesprochen.

Subjekt

Ze *is nieuw.*
Hij *is nieuw.*
Het *is lekker weer!*
Hoe maakt ***u*** *het?*
Ze *zijn nieuw.*

Objekt

Ken je ***haar*** *nog niet?*
Ken je ***hem*** *nog niet?*
Hoe maakt u ***het****?*
Mag ik ***u*** *even voorstellen?*
Ken je ***ze/hen/hun*** *nog niet?*

Es gibt bei den Objekformen des Personalpronomens keinen Unterschied zwischen Akkusativ (mich, dich usw.) und Dativ (mir, dir usw.). Eine Ausnahme bilden die Formen der 3. Person Plural:

Bei Personen: *hen* ist laut Regel Akkusativ und *hun* ist Dativ. Nach Präpositionen wird *hen* verwendet. Tatsache ist aber, dass die meisten Niederländer hier keinen Unterschied machen.
Bei Sachen: *ze*

In der gesprochenen Sprache wird *ze* in unbetonter Stelle auch bei Personen verwendet. Das heißt, wenn das Pronomen nicht gerade betont wird, können Sie immer *ze* gebrauchen.

Hoe gaat het met ***hen****?*	(korrekt, wenn das Pronomen betont wird)
Hoe gaat het met ***hun****?*	(gebräuchlich, wenn das Pronomen betont wird)
Hoe gaat het met ***ze****?*	(gebräuchlich, wenn das Pronomen nicht betont wird)

Les 2

Formelle Anrede: meneer / mevrouw

Die höflichen Anreden ***meneer*** bzw. ***mevrouw*** entsprechen in etwa den deutschen „Herr“ und „Frau“, mit dem Unterschied, dass sie auch ohne Anwendung des Nachnamens verwendet werden können, etwa um eine unbekannte Person auf der Straße anzusprechen:

Dag mevrouw, kunt u mij zeggen ...	Guten Tag, können Sie mir sagen, ...
Goedemiddag meneer, waar is ... ?	Guten Tag, wo ist ... ?

Das Präsens – Pluralformen

ik	woon	schrijf
je / jij	woont	schrijft
u	woont	schrijft
hij / ze/zij / het	woont	schrijft
we / wij	wonen	schrijven
jullie	wonen	schrijven
ze / zij	wonen	schrijven

- Wie in Lektion 1 erwähnt wurde, entsprechen alle drei Personen Plural der Grundform des Verbs.

Hilfsverben

Das Hilfsverb *hebben* (haben)

ik	heb
je / jij	hebt
u	hebt / heeft
hij / ze/zij / het	heeft
we / wij	hebben
jullie	hebben
ze / zij	hebben

- Bei der höflichen Anrede kann man entweder ***hebt*** oder ***heeft*** verwenden.

Die modalen Hilfsverben *mogen* und *moeten*

Wie ***kunnen*** werden die modalen Hilfsverben ***mogen*** und ***moeten*** in Verbindungen mit einem Vollverb verwendet:

Mag ik me even ***voorstellen?***	Darf ich mich kurz vorstellen?
Als je iemand niet kent, ***moet*** je 'u' ***zeggen.***	Wenn man jemanden nicht kennt, muss man „Sie“ sagen.

Diese modalen Hilfsverben haben jeweils nur eine Form im Singular. Die Pluralform ist – wie bei allen Verben – identisch mit dem Infinitiv.

Die Verneinung

Wie im Deutschen gibt es mehrere Möglichkeiten, ein Wort oder einen Satz zu verneinen. Die häufigsten Verneinungen sind ***geen*** (kein(e)) und ***niet*** (nicht).

Ik heb geen fax.	Ich habe kein Fax(gerät).
Dat vind ik niet.	Das finde ich nicht.

Geen ist, im Gegensatz zu ***kein*** im Deutschen, unveränderlich.

Die Possessivpronomen

Ein Possessivpronomen deutet Besitz an und steht vor einem Substantiv. Mit Ausnahme von ***ons/onze*** sind sie unveränderlich, d.h. sie sind nicht von der Zahl und vom Geschlecht des Substantivs abhängig.

mijn	mein(e)
je/jouw	dein(e)
uw	Ihr(e)
zijn	sein(e)
haar	ihr(e)
ons/onze	unser(e)
jullie	euer/eure
uw	Ihr(e)
hun	ihr(e)

*Dit is **mijn** vriend Tom.* Das ist mein Freund Tom.
*Wat is **uw/je/jouw** telefoonnummer?* Was ist Ihre/deine Telefonnummer?

Ons steht vor ***het***-Wörtern im Singular, ***onze*** vor ***de***-Wörtern im Singular und allen Substantiven im Plural:

Dit is ons adres. (het adres!) Das ist unsere Adresse.
Dit is onze nieuwe collega. Das ist unser neuer Kollege/unsere neue Kollegin.

Auch bei den Possessivpronomen gibt es unbetonte Formen. Neben ***je*** gibt es die Formen ***m'n, z'n, d'r*** für *mijn, zijn* und *haar.* Diese werden in der gesprochenen Sprache genauso häufig wie ***je*** verwendet, aber nur in informellem Sprachgebrauch geschrieben.

Les 2

u / je/jij

Generell wird das informelle Pronomen ***je*** bzw. ***jij*** häufiger verwendet als das *du* im Deutschen. Das formelle Pronomen ***u*** wird als Zeichen des Respekts gegenüber älteren Menschen verwendet – auch innerhalb der Familie z.B. bei Tanten, Onkeln und Großeltern –, und von älteren Menschen gegenüber unbekannten Personen. Stellt sich aber jemand mit Vornamen vor, ist dies oft ein Signal zum *tutoyeren* (duzen).

Rechtschreibung: Familiennamen

Vielen Familiennamen in den Niederlanden stehen Präpositionen und/oder Artikel voran. Wird der komplette Name einer Person – also samt Vornamen – geschrieben, z.B. in einer Adresse, so werden nur der Vorname und das letzte Wort des Nachnamens großgeschrieben:

Jan van de Ven
Elly de Langen

In anderen Fällen, z.B. in Verbindung mit einer Anrede, wird auch das erste Wort des Familiennamens großgeschrieben:

De heer Van de Ven
Mevrouw De Langen

Übungen

Aussprachetraining

1 *ij/ei* und *ee* (6)

Lesen Sie folgende Wortpaare und kreuzen Sie dann jeweils das Wort an, das Sie hören.

1.	zij	X	zee	
2.	mij		mee	
3.	fijn		veen	
4.	hij		hé	
5.	kijk		keek	
6.	pijn		peen	
7.	rij		ree	
8.	gein		geen	

Sprechen Sie nun die Wörter nach.

2 *ij/ei* (7)

Welches Wort enthält <u>keinen</u> *ij/ei*-Laut?

....

Bitte beachten Sie: Der Diphthong *ij* bzw. *ei* wird in unbetonter Stelle zu einem Schwachlaut, z. B. in der Endung *-lijk*.

mijn dochter	[mən'dɔxtr]
vriendelijk	['vri:ndələk]

Siehe auch Ausspracheübung 3, S. 27.

3 Wortbetonung (8)

Hören Sie folgende dreisilbigen Wörter aus Lektion 2 und kreuzen Sie jeweils das passende Betonungsmuster an.

	Ooo	oOo	ooO
1.			
2.			
3.			
4.			
5.			
6.			
7.			
8.			
9.			
10.			

Sprechen Sie nun die Wörter nach.

4 Intonation (9)

Hören Sie folgende Sätze aus Lektion 2 und kreuzen Sie an, ob es sich um einen Aussagesatz oder eine Frage handelt.

	Aussagesatz	Frage
1.		
2.		
3.		
4.		
5.		
6.		

Sprechen Sie nun die Sätze nach. Achten Sie dabei auf die Satzmelodie.

5 Ergänzen Sie die Form des Präsens.

1.	hij	werken
2.	je	gaan
3.	ze (Sg.)	maken
4.	we	boffen
5.	ik	leren
6.	jullie	hebben
7.	ze (PL)	opbellen
8.	u	maken

6 Ergänzen Sie die Form des Präsens.

1.	.... je een fax?	hebben
2.	Mijn zoon .... ook in Zutphen	wonen
3.	Dit .... Pieter en Ina.	zijn
4.	Waar .... je?	werken
5.	Ik .... uit Oostenrijk.	komen
6.	Met mij .... het heel goed!	gaan
7.	Hoe .... u het?	maken

7 Setzen Sie die Präsensformen der angegebenen Hilfsverben ein.

1.	.... ik me even voorstellen?	mogen
2.	Je .... het proberen.	kunnen
3.	.... ik met haar meegaan?	moeten
4.	.... u dat horen?	kunnen
5.	.... we morgen opbellen?	mogen
6.	Ik .... dat even voor u spellen.	kunnen
7.	Ze .... Spaans leren.	moeten

8 *De* oder *het*?

1. ....de.... trein		5. .... ziekenhuis	
2. ....de.... foto		6. ....de.... buurt (Nachbarschaft)	
3. .... alfabet		7. ....het.... nummer	
4. ....de.... klas		8. ....het.... getal	

Les 2

Wer spricht mit wem?

Claus spreekt met ....

Ruud spreekt met ....

Leonie spreekt met ....

Erik spreekt met ....

Lodewijk spreekt met ....

Ronald spreekt met ....

Rob spreekt met ....

10 Setzen Sie die Objektform des angegebenen Personalpronomens ein.

1.	Mag ik .... voorstellen?	u
2.	Hij is met .... op vakantie.	wij
3.	Hoe is het met .... ?	hij
4.	Kan ik .... opbellen?	jij
5.	Vraag het a.u.b. aan .... ,	zij (Sg.)
	niet aan	zij (Pl.)
6.	Dat is haar dochter.	
	Ken je .... ?	zij

11 Ergänzen Sie die Präpositionen.

1. We zijn hier .... vakantie.
2. Mijn vriendin woont .... de buurt.
3. Ik zit .... de Nederlandse les.
4. Hoe gaat het .... u?
5. Ga je ook .... Brussel?
6. Ik kom .... Oostenrijk.
7. Zij werkt .... een Nederlands bedrijf.

12 Welches Wort passt nicht in die Reihe?

1.	uitstekend	best	geluk	prima
2.	reiziger	vrouw	toerist	cursist
3.	mijn	je	u	haar
4.	maken	kunnen	moeten	mogen
5.	telefoon	adres	kengetal	abonneenummer

LERNTIPP

Aussprache

Lesen Sie die Dialoge im Lehrbuch laut und nehmen Sie sie auf. Vergleichen Sie sie dann mit der CD bzw. Cassette zu *Taal vitaal.*

Les 2

13 Setzen Sie die richtige Form des Possesivpronomens ein.

Mag ik me even voorstellen? .... [1] naam is Fons Damen. .... [2] vrouw heet Else. We hebben twee kinderen. .... [3] kinderen heten Bernard en Hanna. Bernard is getrouwd. .... [4] vrouw heet Rianne. Ze hebben twee kinderen. .... [5] kinderen heten Sam en Karin. Hanna is ook getrouwd. .... [6] man heet Eric. Hanna en Eric hebben geen kinderen.

14 Wie lautet die Frage?

1. .... Goed, en met u?
2. .... Mijn adres is Julianalaan 14.
3. .... Nee, ik heb geen fax.
4. .... Nee, ik werk hier.
5. .... Ja: M-A-R-E-N.
6. .... Ja hoor. Mijn nummer is 4593497.

15 Kreuzworträtsel

Übersetzen Sie die deutschen Wörter und setzen Sie sie ein.

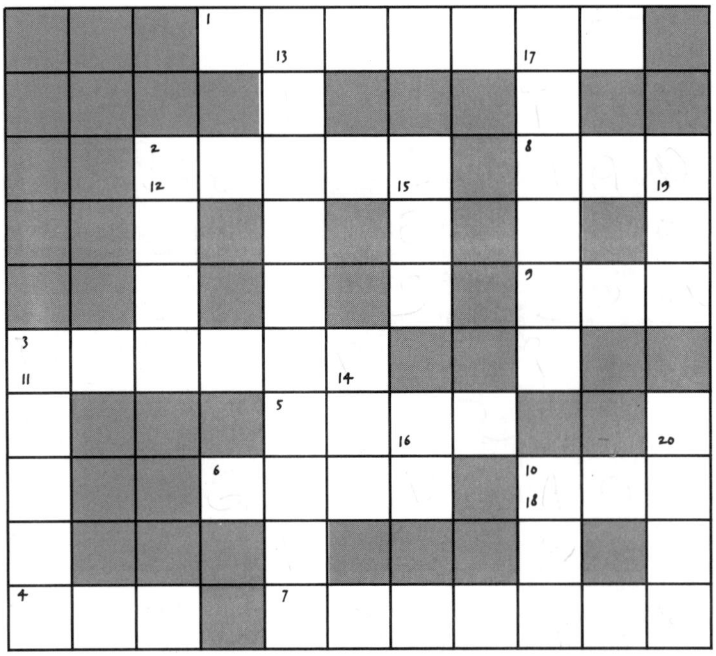

Waagrecht

1. Teilnehmer
2. Zahl
3. Glück haben
4. bis
5. Mal
6. kein(e)
7. Tochter
8. an
9. dich/dir
10. wie

Senkrecht

11. Nachbarschaft
12. (ich) gebe
13. ausgezeichnet
14. nein
15. Lektion, Unterricht
16. und
17. Schritt(chen)
18. das, es
19. nun, also
20. Wetter

16 Hörverstehen 10

Hören Sie zu und füllen Sie das Formular aus.
(Benutzen Sie dabei die Pausentaste.)

naam	
voornaam	
adres	
telefoonnummer	

17 Hörverstehen 11

Zwei Freundinnen treffen sich auf der Straße.
Hören Sie zu und kreuzen Sie die richtige Lösung an.

1. Met Erik gaat het a) goed. b) best. c) uitstekend.
2. Michelle is een vriendin van a) Erik. b) Annemarie. c) mevrouw Veen.
3. Michelle spreekt a) Nederlands en Spaans. b) Duits en Spaans. c) Nederlands en Duits.
4. Zij werkt a) in een ziekenhuis. b) voor een Duits bedrijf. c) op een camping vlakbij Gent.
5. Het gesprek is a) formeel. b) informeel.

Les 2

18 Übersetzen Sie die folgenden Sätze ins Niederländische.

1. Was sagen Sie? ....
2. Wie geht es dir? – Hervorragend! ....
3. Lernst du auch Niederländisch? ....
   – Ja, ich versuche es! ....
4. Darf ich meinen Freund vorstellen? ....
5. Das ist meine Freundin Sam. ....
6. Wie geht es ihm? – Es geht schon. ....

19 Welche Wörter in dieser Lektion finden Sie schwierig auszusprechen? Schreiben Sie sie auf.

20 Wie gut kennen Sie Ihr Lehrbuch? Setzen Sie den passenden Begriff ein.

de tekst · ~~de dialoog~~ · ~~de tekening~~ · de luisteroefening · ~~de samenvatting~~ · de spreekoefening

Grammatica Grammatik

Personalpronomen (Singular)

unbetonte Form	betonte Form
ik	
je	jij
u	
hij	
ze	zij
het	

Hilfsverben

	zijn	kunnen
ik	ben	kan
je/jij u	bent	kunt/kan
hij / ze/zij dit/dat	is	kan

Präsens

wonen, komen, heten, gaan	
ik	woon/kom/heet/ga
je/jij u hij / ze/zij het	woont/komt/heet/gaat

Fragesatz

Ben Kun/Kan Woon Kom Ga	je ...?	Bent Kunt/Kan Woont Komt Gaat	u ...?

Nationalitäten

Nederlander/Nederlandse
Duitser/Duitse

Präpositionen

aan, in, naar, op, tot, uit, vlakbij

Fragewörter

waar ... vandaan? hoe?

1. ....

2. ....

6 En u?

Stel uzelf aan de andere cursisten voor.
Und Sie? Stellen Sie sich den anderen Teilnehmern vor.

Dag, ik ben ...
– Hallo, ik ben ...
En waar komt u/kom je vandaan?
– Ik kom uit ..., maar ik woon in ...

3. ....

4. ....

2	Mirjam de Vries:	Goedemorgen. Bent u de nieuwe collega?
	Maarten de Jong:	Ja, ik ben Maarten de Jong.
	Mirjam de Vries:	Mirjam de Vries.
	Maarten de Jong:	Hallo.
	Mirjam de Vries:	Kom je uit Amsterdam?
	Maarten de Jong:	Nee, ik kom uit Maastricht.

4 Luister. 4

a) Wat hoort bij elkaar?
Was passt zusammen? Ordnen Sie den folgenden Beschreibungen den passenden Dialog zu.

5. ....

Europa in 7 zones

Voor Interrail is Europa verdeeld in 7 zones waaruit je kunt kiezen: 1, 2 of 3 zones, of zo je wilt, heel Europa. De kaart hierboven geeft je een overzicht van de zones.

6. ....

Hoe is ze?

Erläuterungen

Der bestimmte und der unbestimmte Artikel

Wie schon unter „Das Wichtigste in Kürze" erwähnt, gibt es im Niederländischen zwei bestimmte Artikel: ***de*** für Substantive männlichen und weiblichen Geschlechts („*de*-Wörter") und ***het*** (unbetont [ət] ausgesprochen) für sächliche Substantive („*het*-Wörter"):

de *man/vrouw*	der Mann/die Frau
het *kind*	das Kind

Der unbestimmte Artikel im Niederländischen lautet ***een*** (unbetont [ən] ausgesprochen):

een man/vrouw/kind	ein Mann, eine Frau, ein Kind

Kasus

Artikel und Substantive werden *nicht* wie im Deutschen aufgrund ihrer Funktion im Satz dekliniert, sondern sie bleiben wie z. B. im Englischen unverändert. Satzgegenstand und Ergänzung erkennt man an ihrer Position im Satz:

De *man ziet* ***de*** *man.*	Der Mann sieht den Mann.
Een *vrouw helpt* ***een*** *vrouw.*	Eine Frau hilft einer Frau.

Auch in präpositionalen Ausdrücken bleiben Artikel und Substantive unverändert:

de naam van ***de*** *buurman*	der Name des Nachbarn
met ***het*** *kind*	mit dem Kind

Lediglich beim Genitiv wird noch eine ***s***-Endung bei Personen, Eigennamen und Ländernamen angehängt, um Besitz anzuzeigen. Viel häufiger ist heute aber die Konstruktion mit ***van,*** so wie Sie sie in dieser Lektion gesehen haben:

Dick is de man ***van*** *Anna.*	Dick ist Annas Mann.
de naam ***van*** *mijn beste vriend(in)*	der Name meines besten Freundes/meiner besten Freundin

In älteren und in offiziellen Texten sowie in feststehenden Ausdrücken findet sich noch manchmal die alte deklinierte Form des Artikels: *op den duur* (auf die Dauer), *'s (= des) morgens* (morgens), *in de loop der jaren* (im Laufe der Jahre).

Adjektive

Ein Adjektiv ist ein Wort, das ein Substantiv (sei es eine Person, einen Gegenstand, einen Zustand, ein Ereignis) näher bestimmt:

een ***nieuwe*** *collega*	ein neuer Kollege/eine neue Kollegin
Ze is ***nieuw.***	Sie ist neu.

Adjektive können u. a. attributiv oder prädikativ gebraucht werden. Ein Adjektiv wird attributiv gebraucht, wenn es direkt vor dem Substantiv steht, das es näher bestimmt:

een ***nieuwe*** *collega*

Wie im Deutschen bekommt ein Adjektiv, das attributiv gebraucht wird, eine Endung.

Wie im Deutschen bleiben prädikativ verwendete Adjektive (meistens nach dem Verb „sein") unveränderlich:

Ze is ***nieuw.***

Flexion der Adjektive

Anders als im Deutschen gibt es nur ***eine*** Adjektiv-Endung: ***-e.*** Da attributiv verwendete Adjektive fast immer dieses Endungs-***e*** bekommen, ist es leichter, sich die Ausnahmen zu merken:

!

> Das Endungs-***e*** entfällt bei Adjektiven, die vor einem sächlichen Substantiv (einem „***het***-Wort") im Singular stehen, wenn kein Bestimmungswort vorangeht:
>
> *Goed idee!*   *(het idee)*
>
> oder der unbestimmte Artikel (*een*) oder ähnliches *(geen, veel, weinig* usw.) vorangeht:
>
> *een aardig meisje, geen romantisch type*

Ein Adjektiv erhält die Endung ***-e***…

- vor einem ***de***-Wort in Singular: *de nieuw**e** collega, aardig**e** vrouw!*
- vor einem ***het***-Wort im Singular, wenn ihm ein Bestimmungswort vorangeht, d. h.:
  - der bestimmte Artikel: *het klein**e** kind*
  - ein Demonstrativpronomen: *dat slank**e** meisje*
  - ein Possessivpronomen: *mijn nieuw**e** boek;*
- vor *allen* Substantiven im Plural: *de liev**e** vrienden, de correct**e** adressen*

Zur Schreibweise siehe die Rechtschreibregeln in Bezug auf kurze und lange Vokale in Lektion 1, S. 9:

een groot kind ➡ *het grote kind*   *een stil type* ➡ *het stille type*

Außerdem werden *f* und *s* im Auslaut zu *v* und *z* vor *e*:

een lief kind ➡ *het lieve kind*   *een serieus type* ➡ *het serieuze type*

Adverbiale Bestimmungen

Neben dem Adjektiv, das etwas über ein Substantiv aussagt, gibt es auch das Adverb, das ein Verb oder auch ein Adjektiv näher bestimmt:

*Hij ziet er **goed** uit.*	Er sieht gut aus.
*Zij is **vrij** sportief.*	Sie ist ziemlich sportlich.

Da aber auch ganze Wortgruppen die Funktion eines Adverbs erfüllen können (s. z.B. *Samenvatting*, S. 57), sprechen wir in diesem Lehrwerk allgemein von „adverbialen Bestimmungen".

Demonstrativpronomen

Die häufigsten Demonstrativpronomen sind ***deze/dit, die*** und ***dat.*** Demonstrativpronomen zeigen noch deutlicher als Artikel, von welchem Substantiv man spricht.

Deze und ***die*** werden bei ***de***-Wörtern gebraucht, ***dit*** und ***dat*** bei ***het***-Wörtern:

*Doe **deze** persoonlijkheidstest.*	Machen Sie diesen Persönlichkeitstest.
Het meisje naast Ina?	Das Mädchen neben Ina?
*– Ja, **dat** slanke meisje.*	– Ja, das (jenes) schlanke Mädchen.

Deze und *dit* beziehen sich eigentlich auf nahestehende Personen, Sachen, Ereignisse usw., *die* und *dat* auf welche, die weiter weg sind. In der Praxis aber werden *die* und *dat* genauso häufig für nahestehende Substantive verwendet.
Im Plural gibt es nur zwei Formen: ***deze*** bei nahestehenden Personen, Sachen, Ereignissen usw. und ***die*** bei solchen, die weiter weg sind.

Ein Demonstrativpronomen kann vor einem Substantiv stehen (***deze** persoonlijkheidstest)* oder auch allein (***Dat** klopt!*).

Übungen

Aussprachetraining

1 v en f (12)

a) Sprechen Sie folgende Wörter nach und achten Sie auf den Unterschied zwischen dem stimmhaften ***v*** und stimmlosen ***f*** im Niederländischen.

Im An- und Zwischenlaut: stimmhaftes *v:*
vrij, opschrijven, brieven
Im Auslaut: stimmloses *f:*
schrijf op, brief

b) Kreuzen Sie die Wörter an, die ein stimmloses *f* enthalten.

1. ☐
2. ☐
3. ☐
4. ☐
5. ☐
6. ☐
7. ☐
8. ☐

v

of

f

Sprechen Sie nun die Wörter nach.

2 ui (13)

Welches Wort enthält keinen ***ui***-Laut?

....

Sprechen Sie nun die Wörter nach.

3 Endungen (14)

Sprechen Sie folgende Wörter nach und achten Sie auf die Aussprache der jeweiligen Endung.

-ig: ***prettig, aardig, gevoelig***
-lijk: ***vriendelijk, uiterlijk, kwalijk***
-isch: ***typisch, fantastisch, optimistisch***

4 Wortbetonung (15)

Hören Sie folgende zweisilbige Wörter und kreuzen Sie jeweils das passende Betonungsmuster an.

	Oo	oO
1.	☐	☐
2.	☐	☐
3.	☐	☐
4.	☐	☐
5.	☐	☐
6.	☐	☐
7.	☐	☐
8.	☐	☐
9.	☐	☐
10.	☐	☐

Sprechen Sie nun die Wörter nach.

5 Intonation (16)

Hören Sie folgende Sätze aus dieser Lektion und kreuzen Sie an, ob es sich um einen Aussagesatz oder eine Frage handelt.

	Aussagesatz	Frage
1.	☐	☐
2.	☐	☐
3.	☐	☐
4.	☐	☐
5.	☐	☐
6.	☐	☐

Sprechen Sie nun die Sätze nach. Achten Sie dabei auf die Satzmelodie.

6 Ergänzen Sie die Form des Präsens.

1.	.... je dat blonde meisje?	bedoelen
2.	Mijn hond .... Malu.	heten
3.	.... u ook een bril?	dragen
4.	De kinderen .... samen tv.	kijken
5.	Hij .... groot en slank.	zijn
6.	Ik .... heel erg van mijn vriendin.	houden
7.	Waar .... het kopieerapparaat?	staan
8.	.... u het nog eens, alstublieft.	zeggen
9.	De nieuwe bril .... je wel goed, hoor.	staan

7 *De* oder *het?*

1.	....	meisje	7.	....	oog
2.	....	collega	8.	....	snor
3.	....	kopieerapparaat	9.	....	type
4.	....	plaatsje	10.	....	boek
5.	....	oom	11.	....	bladzijde
6.	....	verschil	12.	....	uiterlijk

8 Ergänzen Sie das entsprechende Adjektiv.

1.	bruin	Het kind heeft .... ogen.
2.	sportief	Zeg, Mieke, wat heb je een .... dochter.
3.	groen	Is het echt waar? Je vriendin heeft nu .... haar?
4.	romantisch	Ben je een .... type?
5.	klein	Waar kom jij vandaan? Ik kom uit een .... plaatsje in de buurt van Aken.
6.	wit	Mijn collega heeft een .... snor.
7.	knap	Bij het kopieerapparaat staat een .... meisje.
8.	aardig	Anneke is een .... schoonzus.
9.	druk	Wat is hij toch een .... man!

9 Welches Wort passt nicht in die Reihe?

1.	bruin	rood	knap	blauw	
2.	kaal	groot	dik	mooi	lief
3.	sportief	grappig	optimistisch	helemaal	
4.	broer	collega	zus	vader	nicht

10 Kreuzworträtsel

Übersetzen Sie die deutschen Wörter und setzen Sie sie ein.

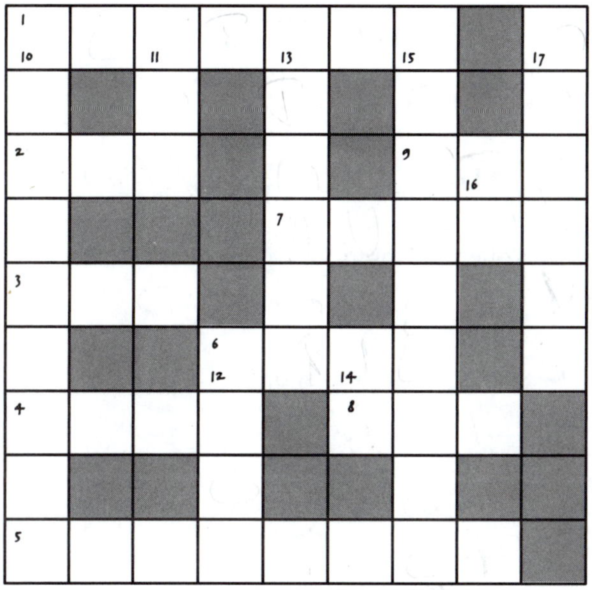

Waagrecht

1. unordentlich, schlampig
2. ihn/ihm
3. Auge
4. Sohn
5. sportlich
6. ruhig
7. Abend
8. Kinn
9. weit

Senkrecht

10. Schwägerin
11. Onkel
12. Schnurrbart
13. (er/sie) trägt
14. ich
15. sensible (flektierte Form)
16. und
17. nett

Les 3

11 Übersetzen Sie die folgenden Sätze ins Niederländische.

1. Wen meinst du?
2. Paul ist ihr Schwager.
3. Das ist meine neue Kollegin.
   Sie heißt de Vries.
4. Dein Bruder ist sehr nett.
5. Kommen Jan und Ulrike beide aus Hamburg?
6. Gerrit hat braune Augen und langes Haar.
7. Er trägt eine Brille. Die steht ihm gut.
8. Wie sieht sie aus? – Sportlich.

12 Wie lautet die Frage?

1. .... Hij is heel romantisch.
2. .... Uit een dorpje in de buurt van Middelburg.
3. .... Ze heeft mooie groene ogen, ze is slank en erg knap.
4. .... Mijn vrouw heet Annie en mijn twee dochters Marjolein en Ineke.
5. .... Nee, hij doet niet aan sport.
6. .... Haar achternaam is Dekkers.

13 Hörverstehen 17

Zwei Freunde unterhalten sich über eine neue Kollegin. Hören Sie zu und kreuzen Sie die richtige Lösung an.

1. Met Jan gaat het
   a) niet zo best.
   b) uitstekend.
   c) goed.

2. De nieuwe collega van Jan is
   a) lief.
   b) vriendelijk.
   c) sympathiek.

3. Ze heeft
   a) bruin haar en groene ogen.
   b) blond haar en blauwe ogen.
   c) blond haar en bruine ogen.

4. Ze is
   a) sportief.
   b) slordig.
   c) stil.

5. Erik wil haar
   a) leren kennen.
   b) voor een kopje koffie uitnodigen.
   c) bloemen geven.

6. Het gesprek is
   a) formeel.
   b) informeel.

14 Schreiben Sie einige Sätze über ein Familienmitglied.

Beschreiben Sie sowohl das Äußere als auch den Charakter. Welche positiven und welche weniger positiven Eigenschaften hat diese Person?

Hoeveel?

Erläuterungen

Die Pluralformen von Substantiven

Der Plural kennzeichnet mehr als eine Person oder Sache. Ähnlich wie im Deutschen wird auch im Niederländischen der Plural immer mittels einer Endung gebildet, wobei der Stamm in den meisten Fällen unverändert bleibt. Die meisten Substantive bilden ihre Pluralform durch das Anhängen der Endung *-en*, einen Teil durch das Anhängen von *-s*. Der Artikel im Plural lautet immer ***de***.

de vrouw	*de vrouw**en***	die Frau	die Frauen
het boek	*de boek**en***	das Buch	die Bücher
de inwoner	*de inwoner**s***	der Einwohner	die Einwohner
de dochter	*de dochter**s***	die Tochter	die Töchter

▷ **Der Plural auf** *-s* wird u.a. gebildet, wenn

- es sich um einen **Diminutiv** handelt:

het meisje	*de meisjes*
het kaartje	*de kaartjes*

- das Substantiv auf unbetontes ***-en, -er, -el, -em, -e*** oder ***-ie*** endet:

de jongen (der Junge)	*de jongens*
de dochter	*de dochters*
de tafel (der Tisch)	*de tafels*
de bezem (der Besen)	*de bezems*
het type	*de types*
de vakantie	*de vakanties*

- es sich um Lehnwörter mit auslautendem ***-a, -i, -o, -u*** oder ***-y*** handelt. Dabei ist zu beachten, dass der Pluralendung *-s* ein Apostroph vorangeht:

de pinda (die Erdnuss)	*de pinda's*
de taxi (das Taxi)	*de taxi's*
de foto (das Foto)	*de foto's*
de paraplu (der Regenschirm)	*de paraplu's*
de baby	*de baby's*

- Außerdem bilden folgende Verwandtschaftsbezeichnungen aus dieser Lektion ihre Pluralformen mit *-s:*

de broer	*de broers*
de zoon	*de zoons* (auch *zonen*)
de oom	*de ooms*

! ▷ Abgesehen von einigen unregelmäßigen Pluralformen bilden alle anderen Substantive ihren Plural auf ***-en.***

Einige Besonderheiten bei der Pluralbildung auf *-en:*

▷ Hier gelten die Rechtschreibregeln in Bezug auf kurze und lange Vokale (s. Lektion 1, S. 9):

Damit ein kurzer Vokal in einer geschlossenen Silbe kurz bleibt, wird der Endkonsonant verdoppelt:

de man	*de man•nen*
het gezin	*de gezin•nen*

Einige wichtige Ausnahmen:

de dag	*de dagen*
het blad (die Zeitschrift)	*de bladen*
de weg (der Weg)	*de wegen*

Ein im Singular verdoppelter Vokal wird überflüssig, weil die Silbe durch das Anhängen der Endung offen wird:

de vraag	*de vra•gen*
het uur	*de u•ren*

nur wenn der vorige Vokal lang gesprochen wird.

- Die stimmlosen Endkonsonanten *-f* und *-s* werden in einigen Fällen zu *-v* und *-z:*

de neef	*de neven*
het plaatsbewijs	*de plaatsbewijzen*
Aber:	
fotograaf (Fotograf)	*fotografen*

- Bei einigen Substantiven gibt es bei der Pluralbildung eine Vokalveränderung:

*de st**a**d*	*de steden*
*het l**i**d* (Mitglied)	*de leden*
*het sch**i**p* (Schiff)	*de schepen*

und bei Substantiven auf *-heid:*

*mogelijkh**ei**d* (Möglichkeit)	*mogelijkheden*

- Einige wenige Substantive bilden den Plural auf *-eren:*

het kind	*de kind**eren***
het ei (das Ei)	*de ei**eren***

! Folgende Wörter haben keine Mehrzahl nach Zahlen und nach den Wörtern *hoeveel* und *een paar: kwartier, uur, jaar, liter, gram, kilo, kilometer* sowie die meisten Währungseinheiten:

Ik woon al drie jaar in Brugge.
Dat kost vijftien euro.

Das Adverb *er*

Das Adverb *er* kann ergänzend als Platzhalter eines weiter hinten im Satz folgenden Subjekts stehen. Im Deutschen ist es mit „es" zu vergleichen.

Er is een man te zien. *= Ik zie een man.*	(Es ist/gibt ein(en) Mann zu sehen.) Ich sehe einen Mann.
Er zijn zeven vrouwen te zien. *= Ik zie zeven vrouwen.*	(Es sind/gibt sieben Frauen zu sehen.) Ich sehe sieben Frauen.

(Bitte achten Sie darauf, dass das unveränderliche deutsche „es gibt" im Niederländischen mit *er is* bzw. *er zijn* ausgedrückt wird, je nachdem, ob das folgende Substantiv im Singular oder Plural steht.)

Des Weiteren dient das quantitative *er* als Mengenbestimmung (*er* + Zahlwort). Der Gebrauch dieses Adverbs ist typisch niederländisch und findet kein Äquivalent im Deutschen. Es ist am ehesten mit dem französischen *en* zu vergleichen.

Heb je ook kinderen?	Hast du auch Kinder?
*– Ja, ik heb **er** drie.*	– Ja, ich habe drei.
Hoeveel lessen heeft u nog?	Wie viele Kurse haben Sie noch?
*– Ik heb **er** nog twee.*	– Ich habe noch zwei.

In der gesprochenen Sprache wird *er* meistens *d'r* ausgesprochen.

Adverbiale Bestimmungen: Die Tageszeiten

Wie schon in Lektion 3 erwähnt, gehen die Formen der Tageszeiten auf alte Genitivformen zurück: *'s (= des) morgens* usw. Steht eine solche adverbiale Bestimmung der Zeit am Anfang eines Satzes, so bleibt das *'s* klein und der erste Buchstabe des Wortes wird großgeschrieben:

's Ochtends of 's avonds?	Morgens oder abends?

Les 4

uur/jaar

Die Substantive *uur* und *jaar* stehen immer im Singular, wenn ein *bestimmter Zeitraum* beschrieben wird:

*Zij komt over twee **uur**.*	Sie kommt in zwei Stunden.
*We wonen sinds vijf **jaar** in Hasselt.*	Wir wohnen seit fünf Jahren in Hasselt.

Vergleichen Sie dazu folgende Beispiele mit *un*bestimmten Zeitangaben:

*We wachten al **uren** op haar.*	Wir warten schon seit Stunden auf sie.
*Ik leer al **jaren** Nederlands.*	Ich lerne Niederländisch schon seit Jahren.

Rechtschreibung: Akzent

Das Zahlwort *een* bekommt einen Akzent, wenn man betonen will, dass es sich dabei nicht um den unbestimmten Artikel handelt:

Twee mannen en één vrouw hebben geen kaartje.

Auch andere Wörter werden mit Akzent geschrieben, um sie im Satz hervorzuheben:

Kom je vóór of ná de les?	Kommst du <u>vor</u> oder <u>nach</u> dem Unterricht?

Übungen

Ausspracheтraining

1 *sp, st, sch, schr* 18

Achten Sie auf die *s*-Konsonantkombinationen in den folgenden Wörtern und sprechen Sie nach.

sp: ***Spanje, sportief, spellen, spreken***

st: ***stad, stapje, stellen, student***

sch: ***Schiphol, schoon***

schr: ***schrijven***

2 lange und kurze Vokale: *u* 19

a) kurz: ***jullie, cursist***

halblang: ***nu, uw***

gedehnt: ***buurt, natuurlijk***

b) Kreuzen Sie an, ob Sie ein kurzes oder halblanges bzw. langes ***u*** hören.

	kurz	halblang/lang
1.		
2.		
3.		
4.		
5.		
6.		
7.		
8.		
9.		
10.		

Sprechen Sie nun die Wörter nach.

3 Wortbetonung 20

Hören Sie folgende dreisilbige Wörter und kreuzen Sie das passende Betonungsmuster an.

	Ooo	oOo	ooO
1.			
2.			
3.			
4.			
5.			
6.			
7.			
8.			
9.			
10.			

Sprechen Sie nun die Wörter nach.

4 Intonation 21

Hören Sie folgende Sätze und kreuzen Sie an, ob es sich um einen Aussagesatz oder eine Frage handelt.

	Aussagesatz	Frage
1.		
2.		
3.		
4.		
5.		
6.		

Sprechen Sie nun die Sätze nach. Achten Sie dabei auf die Satzmelodie.

5 Ergänzen Sie die Formen des Präsens.

1.	.... u me niet kwalijk, meneer.	nemen
2.	Meneer de Boer .... sinds twee jaar in Venlo.	wonen
3.	.... je voor de eerste keer met het vliegtuig?	gaan
4.	Ik .... het niet geloven dat het al zo laat	kunnen / zijn
5.	De trein naar Utrecht .... om 14.15 uur.	vertrekken
6.	Dat .... jullie toch wel?	geloven
7.	De treinreis .... al veel te lang.	duren
8.	Het jaar .... twaalf maanden.	hebben

6 Wie spät ist es? Schreiben Sie die Uhrzeiten aus.

①
....

②
....

③
....

④
....

⑤
....

⑥
....

⑦
....

⑧
....

⑨
....

⑩
....

7 Hören Sie die Uhrzeiten. 22

Bringen Sie die Uhren in die richtige Reihenfolge, indem Sie die Ziffern 1-10 in die richtigen Kästchen eintragen. (Benutzen Sie die Pausentaste, wenn nötig!)

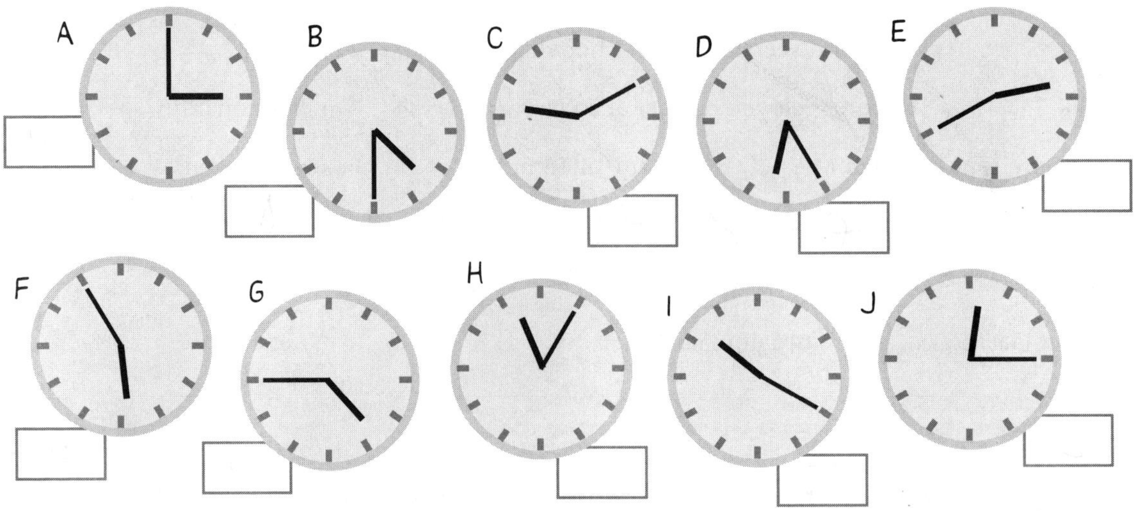

8 Beantworten Sie die Fragen und schreiben Sie die Zahlen aus.

1. Hoeveel seconden heeft een minuut? *Een minuut heeft ...* ....
2. Hoeveel dagen heeft de maand april? ....
3. Hoeveel minuten heeft een dag? ....
4. Hoeveel maanden heeft een jaar? ....
5. Hoeveel jaren heeft een eeuw? ....

9 Bilden Sie den Plural der folgenden Wörter.

1. de minuut ....
2. de plaats ....
3. de dochter ....
4. het meisje ....
5. de radio ....
6. het boek ....
7. het jaar ....
8. de zoon ....
9. de winkel ....
10. de zus ....
11. de appel ....
12. de neef ....
13. de provincie ....
14. de bril ....
15. de stad ....
16. het oog ....
17. het woord ....
18. het type ....
19. de telefoon ....
20. de oom ....

10 Was liegt oder steht auf dem Bett?

Bilden Sie Sätze mit Hilfe der Konstruktion *er* + eine Form von *liggen* bzw. *staan* (1x).

de krant	1.	Er liggen twee kranten op het bed.
de laptop	2.	....
de mobiele telefoon	3.	....
het boek	4.	....
de film	5.	....
de foto	6.	....
de tas	7.	....
de wekker	8.	....
de kat	9.	....

11 Beantworten Sie die Fragen mit Hilfe des Adverbs *er*.

1. Hoeveel kinderen heeft u? ....
2. Hoeveel mannen in uw cursus hebben een bril? ....
3. Hoeveel vrouwen in uw cursus hebben blond haar? ....
4. Hoeveel mensen zitten er in uw cursus? ....
5. Hoeveel broers en zussen heeft u? ....
6. Hoeveel huisdieren heeft u? ....

12 Welches Wort passt nicht in die Reihe?

1.	trein	conducteur	auto	plaatsbewijs
2.	dochter	neef	broer	vader
3.	vanmorgen	gisteren	vanmiddag	vannacht
4.	weekend	dinsdag	vrijdag	donderdag
5.	vanmorgen	's ochtends	's morgens	's avonds

13 Zahlenrätsel

Die Zahlen sind durch Buchstaben zu ersetzen. Dabei bedeuten gleiche Zahlen gleiche Buchstaben.

1. 8 11 20 4 6 8 1 14 6 3
   De man die de plaatskaarten controleert.

2. 2 7 10 10 1 5 15 14 12 21 5
   Legitimatie dat dit de juiste plaats is.

3. 11 11 5 1 14 20 3 21 13
   Een land in Europa.

4. 9 3 10 8 19 1 14 20 3 11 20 4 16 10 10 3 1
   Voor toeristen in Amsterdam bijzonder leuk.

5. 17 11 20 4 10 9
   Een dag van de week.

6. 5 1 10 18 15 11 11 18
   Een boom waarin alle familieleden opgenomen zijn.

1 =
2 =
3 =
4 =
5 =
6 =
7 =
8 =
9 =
10 =
11 =
12 =
13 =
14 =
15 =
16 =
17 =
18 =
19 =
20 =
21 =

14 Übersetzen Sie die folgenden Sätze ins Niederländische.

1. Seien Sie mir nicht böse, aber das ist mein Platz.
2. Wie viele Brüder haben Sie? – Ich habe zwei.
3. Der kleine Mann auf dem Foto hat einen Schnurrbart.
4. Wie spät ist es? – Es ist 19.25 Uhr.
5. Darf ich Sie etwas fragen?
6. Wann fährt der nächste Zug nach Den Bosch ab?
7. Auf dem Bild ist nur eine Frau zu sehen.
8. Wie viele Provinzen haben die Niederlande? – Ich glaube 12.

15 Hörverstehen 23

Zwei Zugreisende unterhalten sich. Hören Sie zu und kreuzen Sie die richtige Lösung an.

1. De naam van de man is
   a) Jaap de Bruin. b) Jens Berger. c) Jan van Steen.
2. Hij is
   a) Nederlander. b) Duitser. c) Belg.
3. Hij komt uit
   a) Siegburg. b) een dorpje vlakbij Koblenz. c) een dorpje in de buurt van Keulen.
4. Hij spreekt
   a) Duits en Frans. b) Frans en Nederlands. c) Nederlands en Duits.
5. Annie Wouters heeft
   a) twee zoontjes. b) een dochtertje. c) een zoon en een dochter.
6. Het gesprek is
   a) formeel. b) informeel.

Ik sta om zes uur op!

Erläuterungen

Trennbare Verben (Verben mit Vorsilben)

Genau wie im Deutschen gibt es im Niederländischen Verben mit Vorsilben, sowohl trennbare als auch untrennbare. **Trennbare Verben** erkennt man daran, dass ihre **Vorsilbe betont** ist:

opstaan aufstehen	*Ik* ***sta*** *elke dag om 7.10 uur* ***op.*** Ich **stehe** jeden Tag um 07.10 Uhr **auf.**
zich aankleden sich anziehen	*Na het douchen* ***kleedt*** *hij zich* ***aan.*** Nach dem Duschen **zieht** er sich **an.**
ophouden aufhören	***Hou(d)*** *maar* ***op*** *met die flauwekul.* **Hör** bloß **auf** mit dem Quatsch.
klaarmaken fertig machen	*Ik* ***maak*** *het ontbijt voor mijn vrouw* ***klaar.*** Ich **mache** das Frühstück für meine Frau **fertig.** (Ich bereite meiner Frau das Frühstück.)

Bei **untrennbaren Verben** dagegen liegt die **Betonung auf dem Stamm.**

Reflexive Verben

Das Niederländische kennt weniger reflexive Verben als das Deutsche. Diese werden mit einem unveränderlichen Reflexivpronomen gebildet. Seine Stellung im Satz ist wie im Deutschen.

Ik	kleed	**me**	aan.
Jij	kleedt	**je**	aan.
U	kleedt	**u/zich**	aan.
Hij/Zij	kleedt	**zich**	aan.
Wij	kleden	**ons**	aan.
Jullie	kleden	**je**	aan.
Zij	kleden	**zich**	aan.

Das modale Hilfsverb *willen*

So wie das Verb *kunnen* (Lektion 1) wird das Hilfsverb *willen* (wollen) in Verbindungen mit einem Vollverb verwendet:

In de vakantie ***wil*** *ik* ***uitslapen.*** Im Urlaub will ich ausschlafen.

Bitte beachten Sie: In der zweiten Person Singular gibt es sowohl bei *jij* als auch bei *u* zwei Formen. In der gesprochenen Sprache hört man bei *jij* die Form ohne *t* häufiger, in der geschriebenen Sprache und beim formellen *u* kommt die Form mit *t* häufiger vor.

Adverbiale Bestimmungen

Diese unveränderlichen Adverbien sagen etwas aus über eine Tätigkeit (hier über die Häufigkeit). Sie können an verschiedenen Stellen des Satzes stehen:

Ik heb ***altijd*** *veel te doen.*
Meestal *werk ik tot twaalf uur.*
Na de afwas kijken we ***soms*** *tv.*

er + Präposition

Personalpronomen in der dritten Person Singular und Plural, die auf Sachen hinweisen, können nicht mit einer Präposition kombiniert werden. Stattdessen werden sie wie im Deutschen durch ein Adverb *(er)* ersetzt:

*Welke andere werkwoorden horen **er** nog **bij**?*	Welche anderen Verben gehören noch dazu?
*Hoe ziet haar dag **eruit**?*	Wie sieht ihr Tag aus?*

In längeren Sätzen stehen Adverb und Präposition nach dem Verb so weit wie möglich auseinander, in kürzeren bilden sie ein Wort.

Die Präposition *met* wird in Verbindung mit *er* zu *mee*. Vergleichen Sie:

*Hoe gaat het **met** de Nederlandse les?*	Wie geht es mit dem Niederländischunterricht?
*– Hoe het **ermee** gaat? Goed!*	– Wie es damit geht? Gut!

Die Präpositionen *na* oder *naar*

Bei Ortsbestimmungen wird *naar* verwendet:

*De kinderen komen om drie **naar** huis.*	Die Kinder kommen um drei **nach** Hause.
*Ik ga vanmiddag **naar** Brugge.*	Ich fahre heute Mittag **nach** Brügge.
*Zij gaat met de auto **naar** jazzballet.*	Sie fährt mit dem Auto **zum** Jazzballett.

Bei Zeitbestimmungen und Kennzeichnungen der Reihenfolge wird *na* verwendet:

***Na** de afwas kijken we soms tv.*	**Nach** dem Abwasch schauen wir manchmal fern.
***Na** de les gaan we naar huis.*	**Nach** dem Unterricht gehen wir nach Hause.
*Pas **na** drie weken kwam zij terug.*	Erst **nach** drei Wochen kam sie zurück.
*Je komt **na** mij aan de beurt.*	Du kommst **nach** mir an die Reihe.
***Na** mijn vader ga ik douchen.*	**Nach** meinem Vater gehe ich duschen.

Les 5

Sprachgebrauch

Je kunt toch niet de hele dag in bed blijven liggen!	Achten Sie bitte auf die vom Deutschen abweichende Wortfolge beim Doppelinfinitiv.
Jawel!	Doch! (um einem verneinten Satz zu widersprechen)
Nee hoor!	Das Wort *hoor* bekräftigt hier die Aussage.
Hou(d) maar op!	vom Verb *ophouden,* meist ohne *d* gesprochen und im informellen Sprachgebrauch geschrieben
niks	= *niets* „nix, nichts" (gesprochene Sprache)
om een uur of (elf)	häufig gebrauchte Redewendung, bedeutet „so gegen ..."; ähnlich der Ausdruck: *over een uur of twee* (in etwa zwei Stunden)
We gaan ook wel eens uit.	(Wir gehen auch schon mal/ab und zu aus.) Wie in *„jawel"* bekräftigt das Wort *wel* die Aussage. Das Wort *eens* in der Bedeutung „mal" wird [ɛs] ausgesprochen.

* Das Fehlen der Konstruktion „da"+Präposition in der deutschen Entsprechung ist dadurch zu erklären, dass das Verb im Deutschen „aussehen" lautet, im Niederländischen dagegen *zien* und nicht *uitzien* (= herbeisehnen, Ausschau halten (nach)).

Übungen

Aussprachetraining

1 s und z (24)

a) Stimmlos: ***sinds, seconde***

Stimmhaft: ***zone, zo***

b) Schreibt man folgende Wörter mit s oder z?

	s	z
1.		
2.		
3.		
4.		
5.		
6.		
7.		
8.		

Sprechen Sie nun die Wörter nach.

2 *oe* (25)

Welche Wörter enthalten keinen *oe*-Laut? Kreuzen Sie an.

1.	
2.	
3.	
4.	
5.	
6.	
7.	
8.	

Sprechen Sie nun die Wörter nach.

3 Wortbetonung (26)

Hören Sie folgende viersilbigen Wörter und kreuzen Sie jeweils das passende Betonungsmuster an.

	Oooo	oOoo	ooOo	oooO
1.				
2.				
3.				
4.				
5.				
6.				
7.				
8.				

Sprechen Sie nun die Wörter nach.

4 Intonation (27)

Hören Sie folgende Sätze und kreuzen Sie an, ob es sich um einen Aussagesatz oder eine Frage handelt.

	Aussagesatz	Frage
1.		
2.		
3.		
4.		
5.		
6.		

Sprechen Sie nun die Sätze nach. Achten Sie dabei auf die Satzmelodie.

5 Ergänzen Sie die Form des Präsens.

1. Ik .... iedere dag om 07.00 uur .... — opstaan
2. In de vakantie .... ik graag .... — uitslapen
3. Na het opstaan .... ik .... direct .... — zich aankleden
4. Mijn vrouw .... na het ontbijt. — zich wassen
5. Ik .... de krant terwijl ik koffie .... — lezen/drinken
6. Wij .... samen waar we 's avonds gaan eten. — overleggen
7. Mijn vrouw .... graag naar de pizzeria, — willen
   maar de kinderen .... liever naar de Chinees. — willen

6 Welches Wort passt nicht in die Reihe?

1.	opstaan	tv kijken	douchen	ontbijten
2.	kantoor	school	cursus	winkel
3.	kaas	hagelslag	koffie	broodjes
4.	werken	krant lezen	luieren	uitslapen
5.	ontbijt	middageten	avondeten	boterhammen

Les 5

7 Was ist richtig: *naar* oder *na?*

1. Henk gaat met de trein .... Almelo.
2. Mevrouw en meneer Peters gaan .... het eten samen .... huis.
3. .... jaren is Jan eindelijk op weg .... zijn familie in Friesland.
4. Natuurlijk gaan we .... de les uit.
5. .... mijn zus ga ik in Amerika studeren.
6. Over een uur ga ik .... jazzballet.
7. .... het ontbijt kleed ik me aan en ga .... kantoor.

8 Welche Antwort passt zu welcher Frage?

1. Wanneer staat hij op?
2. Wat doet hij na het ontbijt?
3. Gaat hij met de auto naar kantoor?
4. Waar werkt hij?
5. Wat eet hij door de week als ontbijt?
6. Gaat hij vaak naar Engeland?
7. Wanneer gaat hij naar huis?
8. Hoe laat gaat hij naar bed?

a. Nee, hij gaat met de fiets.
b. Nee, hij gaat maar af en toe naar Engeland.
c. Meestal om 6.50 uur.
d. Hij werkt bij een groot bedrijf in Aken.
e. Hij gaat meestal om 17.45 uur naar huis.
f. Om 23.30 uur.
g. Dan gaat hij douchen.
h. Meestal twee broodjes met pindakaas of met ham.

9 Lösen Sie das Rätsel.

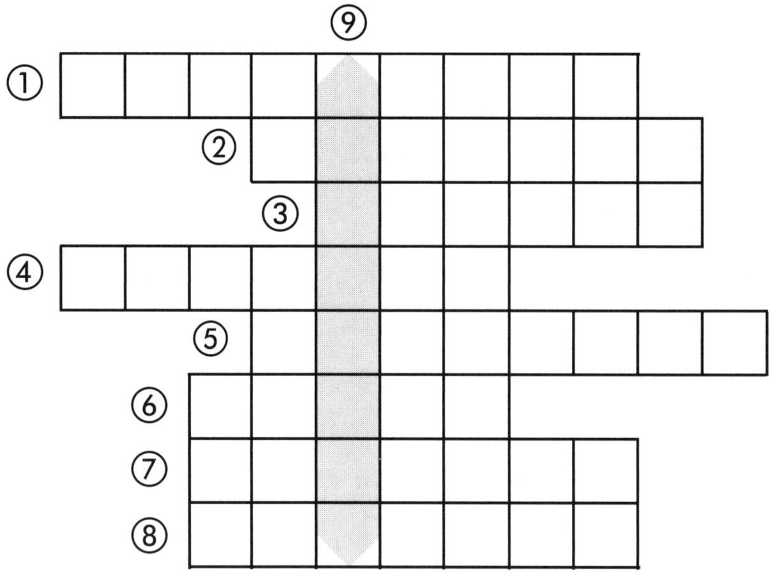

1. bioscoop voor de kleine man
2. Daar werken heel veel mensen.
3. Drink je liever thee of ... ?
4. Als de wekker afloopt moet je ...
5. Als je opgestaan bent ga je na het douchen eerst ...
6. soms, af en toe, meestal, ...
7. niks doen
8. niet altijd maar toch heel vaak
9. periode waarin je vrij hebt van school of van je werk.

10 Bilden Sie aus den Satzbruchstücken vollständige Sätze.

1. meneer Roelofsen - opstaan - zeven uur
2. wij - met vrienden - vanavond - op stap gaan
3. in - vakantie - ik - lang slapen - en - krant lezen
4. de kinderen - om 14.00 uur - van school - naar huis komen
5. bij het ontbijt - eten - ik - broodjes met ham en kaas
6. zijn vrouw - gaan - 's morgens - winkelen
7. Ruud - willen - een kopje koffie - drinken

11 Beschreiben Sie anhand der Bilder den Tag von Jan Pieter.

Verwenden Sie dabei Uhrzeiten und andere adverbiale Bestimmungen (siehe unten), um einen stimmigen Tagesablauf zu konstruieren. Die Reihenfolge der Handlungen bestimmen Sie.

's morgens · 's avonds
soms · vaak · meestal · altijd
eerst · dan · daarna

Versuchen Sie auch folgende Verben zu verwenden: *zich scheren, wakker worden, zich uitkleden*

12 Formulieren Sie Sätze nach dem vorgegebenen Muster.

Ik sta om 6.30 uur op. (meestal) – Kees staat meestal om 6.30 uur op.

1. Ik drink 's morgens koffie. (altijd)

   – Kees ...

2. Mijn vrouw wil altijd het ontbijt klaarmaken. (soms)

   – Ik wil ...

3. Ik ga om 10.00 uur naar kantoor. (nooit)

   – Erwin ...

4. Om 12.00 uur drink ik een kopje thee en eet een boterham. (meestal)

   – Mijn collega's ...

5. Ik ga nooit voor 19.00 uur naar huis. (vaak)

   – Mijn vrouw ...

6. Ik wil soms 's avonds tv kijken. (altijd)

   – De kinderen ...

13 Übersetzen Sie die folgenden Sätze ins Niederländische.

1. Lara steht jeden Tag um 07.00 Uhr auf.
2. Sie geht um 08.15 Uhr zur Arbeit.
3. Manchmal trinkt sie mit ihren Kollegen eine Tasse Tee.
4. Sie arbeitet meistens bis 17.15 Uhr im Büro.
5. Danach geht sie nach Hause.
6. Nach dem Essen schaut sie manchmal mit den Kindern fern.
7. Sie geht meistens um 22.45 Uhr ins Bett.
8. So sieht der Tag von Lara aus.

14 Hörverstehen 28

Hören Sie den Text und beantworten Sie die Fragen.

1. Waar werkt Henk Mulder? ....
2. Hoe lang rijdt hij van thuis naar kantoor? ....
3. Hoe laat staat hij 's morgens op? ....
4. Waarom staat hij al om 06.30 uur op? ....
5. Wat eet hij bij het ontbijt? ....
6. Wat doet hij meestal om 11.00 uur? ....
7. Wat moet hij nog doen als hij thuis komt? ....
8. Hoe laat gaat hij naar bed? ....

15 Ein Tag in meinem Leben

Beschreiben Sie Ihren normalen Tagesablauf oder einen idealen Urlaubstag. Unten sehen Sie zwei Möglichkeiten, Ihre Gedanken zum Thema und den niederländischen Wortschatz dazu zu organisieren.

①

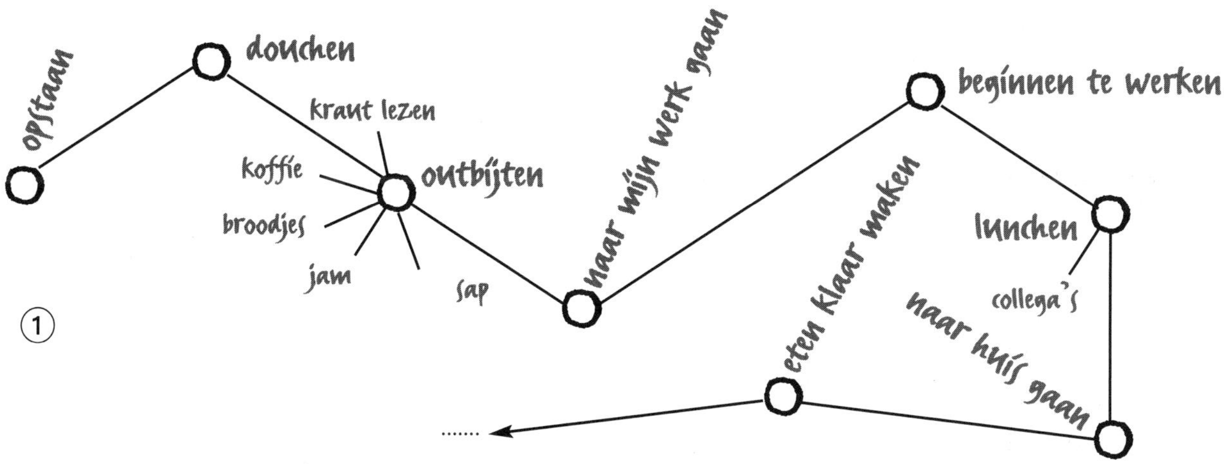

②

	's morgens	's middags	's avonds
thuis			
buitenshuis			

Test 1 S. 172

Wat heb je gisteren gedaan?

Erläuterungen

Das Perfekt (het perfectum)

Durch das Perfekt wird eine abgeschlossene Handlung oder Situation in der Vergangenheit angedeutet. Das Perfekt wird weitgehend wie im Deutschen verwendet und auch gebildet, das heißt mit einer Präsensform der Hilfsverben „haben“ *(hebben)* oder „sein“ *(zijn)* zusammen mit dem Partizip Perfekt *(gezegd, gegaan)*:

*Wat **heeft** ze **gezegd?***
*Ik **ben** om 22.30 uur naar bed **gegaan.***

Das Partizip Perfekt

1. **Schwache (regelmäßige) Verben**

▷ Die schwachen Verben bilden das Partizip Perfekt wie folgt:

*ge + Stamm + Endung **-d/-t***

horen	➟	*gehoor**d***	*Ik heb je niet gehoord.*
spellen	➟	*gespel**d***	*Hoe heb jij het gespeld?*
maken	➟	*gemaak**t***	*Heeft hij zijn huiswerk gemaakt?*
fietsen	➟	*gefiets**t***	*Wij zijn zondag naar Bussum gefietst.*

! ***d*** oder ***t?***
Das hängt vom letzten Konsonant des Stamms ab. Wenn der Verbstamm auf einen stimmlosen Konsonanten ***(-t, -k, -f, -s, -ch*** oder ***-p)*** auslautet, erhält das Partizip Perfekt des Verbs die Endung ***-t.***
In allen anderen Fällen hängt man ***-d*** an den Stamm.
Endet der Stamm bereits auf *t* oder *d*, dann erhält das Partizip Perfekt keine zusätzliche Endung:

zetten	➟	*gezet*
antwoorden	➟	*geantwoord*

Die Vorsilbe ***ge-***

- entfällt ähnlich wie im Deutschen bei den unbetonten Vorsilben *be-, er-, ge-, her-, ont-* und *ver-:*

bedanken	➟	*bedankt*
vertellen	➟	*verteld*

- steht wie im Deutschen bei betonter Vorsilbe zwischen der Vorsilbe und dem Stamm:

aankruisen	➟	*aangekruist*
invullen	➟	*ingevuld*

- erhalten im Niederländischen – anders als im Deutschen – auch diejenigen Verben lateinischen Ursprungs auf *-eren*:

proberen	➟	*geprobeerd*	probieren	➟	probiert
repareren	➟	*gerepareerd*	reparieren	➟	repariert

2. **Starke (unregelmäßige) Verben**

▷ Im Gegensatz zu den schwachen Verben verändern starke Verben im Partizip Perfekt den Stammvokal:

ge + Ablaut + Endung ***-en***

nemen	➡	***genomen***	*Jij hebt genomen.*
rijden	➡	***gereden***	*Hij is al weggereden.*
drinken	➡	***gedronken***	*Wat heb je gedronken?*

Die Liste befindet sich im Anhang dieses Arbeitsbuches auf Seite 182.

- Die wichtigsten einsilbigen Verben bilden ihr Partizip wie folgt:

gaan	➡	*gegaan*	*Wij zijn om 10.00 uur gegaan.*
staan	➡	*gestaan*	*Hoe lang heb je daar gestaan?*
doen	➡	*gedaan*	*Wat heeft u gisteren gedaan?*
zien	➡	*gezien*	*Wie heb je gezien?*

3. **Unregelmäßige Bildungen**

▷ Es gibt eine Anzahl von Verben, die sich nicht oder nur teilweise in die Gruppen der starken und schwachen Verben einreihen lassen. Dazu gehören u. a.:

hebben und ***zijn:***

hebben	➡	*gehad*
zijn	➡	*geweest*

Einige modale Hilfsverben sowie andere Verben mit Mischformen, die z. B. einen Ablaut aufweisen aber die Partizip-Perfekt-Endung eines schwachen Verbs *(-d/-t)* haben:

zoeken	➡	*gezocht*
kopen	➡	*gekocht*

Eine genauere Beschreibung dieser Verben erfolgt in Lektion 12.

Les 6

4. **Bildung mit *hebben* oder *zijn?***

Welche Verben werden mit ***hebben,*** welche mit ***zijn*** konjugiert? Der Gebrauch von „haben" *(hebben)* und „sein" *(zijn)* folgt weitgehend den Regeln des Deutschen.

Abweichungen gegenüber dem Deutschen:

ontmoeten	*Ik **heb** Tom in de stad **ontmoet.***
beginnen	*Ik **ben** een maand geleden met mijn nieuwe baan **begonnen.***
vergeten	*Ik **ben** haar telefoonnummer **vergeten.***

Das Verb *vergeten* kann sowohl mit *hebben* als auch mit *zijn* konjugiert werden.

Das Datum

Anders als im Deutschen muss man im Niederländischen bei einer Jahreszahl die Präposition ***in*** ergänzen.

*Ik ben **in** 1966 geboren.*
*Hij heeft **in** 1993 examen gedaan.*

Adverbiale Bestimmungen

Achten Sie bitte auf die Wortfolge bei der Zeitbestimmung ***twee weken geleden*** (vor zwei Wochen).

Übungen

Aussprachetraining

1 dunkles und helles *l* 29

a) dunkles *l* (nach einem Vokal am Ende einer Silbe oder eines Wortes): ***wel, alfabet, vertelt***

helles *l* (zwischen Vokalen, am Anfang einer Silbe oder eines Wortes): ***lopen, tekstballonnetje, vertellen***

b) Kreuzen Sie an, ob Sie in den jeweiligen Wörtern ein dunkles *l* oder ein helles *l* hören.

	dunkles *l*	helles *l*
1.	☐	☐
2.	☐	☐
3.	☐	☐
4.	☐	☐
5.	☐	☐
6.	☐	☐
7.	☐	☐
8.	☐	☐
9.	☐	☐
10.	☐	☐

dunkles *l* oder helles *l*

Sprechen Sie nun die Wörter nach.

2 Der Vokal *eu* 30

Welches Wort hat <u>keinen</u> *eu*-Laut?

eu?

....

Sprechen Sie nun die Wörter nach.

eu? *eu!*

3 Wortbetonung 31

Kreuzen Sie jeweils das Wort mit dem abweichenden Betonungsmuster an. Hören Sie danach die Wörter und kontrollieren Sie Ihre Ergebnisse.

1.	opstaan	vergeten	aantrekken
2.	perfectum	gisteren	belangrijk
3.	medecursist	infinitief	onhartelijk
4.	terug	afspraak	gedicht
5.	wegrijden	verhuizen	ontmoeten

Sprechen Sie nun die Wörter nach.

4 Intonation 32

Hören Sie folgende Sätze und kreuzen Sie an, ob es sich um einen Aussagesatz oder eine Frage handelt.

	Aussagesatz	Frage
1.	☐	☐
2.	☐	☐
3.	☐	☐
4.	☐	☐
5.	☐	☐
6.	☐	☐

Sprechen Sie nun die Sätze nach.
Achten Sie dabei auf die Satzmelodie.

5 Ergänzen Sie die Form des Perfekts.

Unterstreichen Sie zuerst die regelmäßigen (schwachen) Verben.

maken	(heeft) gemaakt	doen	....
invullen	....	beschrijven	....
spellen	....	laten	....
rijden	....	werken	....
vragen	....	zoeken	....
zeggen	....	blijven	....
kennen	....	opbellen	....
antwoorden	....	beginnen	....
drinken	....	opstaan	....
vertellen	....	slapen	....
gaan	....	eten	....
lopen	....	praten	....
spreken	....	lunchen	....
hebben	....	staan	....

Perfekt

Les 6

6 Ergänzen Sie die Form des Perfekts.

1. Vorige week .... Hans onze televisie .... — repareren
2. Ik .... gisteren om 10.30 uur .... — opstaan
3. .... Mieke je alle boeken .... ? — geven
4. Eergisteren .... zij op het ijs .... — uitglijden
5. Ik .... gisteren de hele dag in bed .... — blijven
6. .... je al thee .... ? — zetten
7. Wij .... nog nooit in Amerika .... — zijn
8. Jullie .... twee jaar geleden het huis .... — kopen
9. .... u ook wel eens zo´n dag .... ? — hebben
10. Zij .... liever de trein .... — nemen

7 Bilden Sie mit den angebotenen Wörtern Sätze im Perfekt.

Gisteren	heb	ik	de nieuwe woorden	gezet.
Vorige week	heeft	je	een auto	gekocht.
Eergisteren	hebben	Mieke	koffie	gerepareerd.
Het afgelopen weekend	ben	mijn zus	in bed	gegaan.
Twee weken geleden	bent	jullie	de fiets	gebleven.
Toen	is	u	naar school	genomen.
In 1992	zijn	wij	de trein	geleerd.

Perfekt

8 Setzen Sie diese Präsenssätze ins Perfekt.

Vergessen Sie nicht, adverbiale Zeitbestimmungen anzupassen!

1. Wij nemen vaak de trein naar Berlijn.

2. Ik ontmoet morgen mijn oude vriendin Marjolein.

3. Ik ga vanavond op tijd naar bed.

4. Rob koopt voor het avondeten nog brood.

5. Ik blijf vandaag in bed.

6. Hij is nu voor de eerste keer in Duitsland.

7. Wat bedoelt hij?

Perfekt

9 Welches Wort passt nicht in die Reihe?

1.	repareren	trouwen	zoeken	leren
2.	krijgen	geven	eten	ontmoeten
3.	vragen	opstaan	uitglijden	aantrekken
4.	gisteren	morgen	twee weken geleden	vorige week
5.	geweest	geslapen	gebleven	gekomen

10 Hörverstehen 33

Hören Sie, was ein Mann über sein Wochenende erzählt. Bringen Sie die Bilder in die richtige Reihenfolge, indem Sie die Ziffern 1-9 in die Kästchen schreiben.

Les 6

11 Bilden Sie aus den Satzbruchstücken vollständige Sätze im Perfekt.

mevrouw Peters - Nederlands - snel - leren 1. ....

waarom - je - niet thuis - blijven? 2. ....

zij - haar sokken - aantrekken 3. ....

Piet - fiets - kopen? 4. ....

1996 - ik - nieuwe baan - krijgen 5. ....

haar man - zij - 1956 - ontmoeten 6. ....

jij - gisteren - te laat - komen. 7. ....

mijn vader - 1934 - geboren 8. ....

ik - eindexamen - 1993 - doen 9. ....

eergisteren - Theun - lekke band - hebben 10. ....

12 Übersetzen Sie die folgenden Sätze ins Niederländische.

1. Ich bin heute rechtzeitig aufgestanden.
2. Gestern haben wir meine Oma in Hengelo besucht.
3. Ich bin 1966 in Aachen geboren.
4. Meine Frau habe ich 1990 in Köln getroffen.
5. Hanny hat meinen Geburtstag vergessen.
6. Hast du schon etwas gegessen?
7. Vor zwei Jahren habe ich geheiratet.
8. 1993 bin ich von Köln nach Kleve gezogen.

13 Was hat Jan Pieter getan?

Beschreiben Sie den gestrigen Tag unseres Bekannten anhand der Bilder auf S. 45 in diesem Arbeitsbuch.

LERN TIPP

Hörverstehen

Oft meint man bei einem Hörtext, dass man nach einmaligem Hören nichts verstanden hat. Dabei hat man sicherlich mehr verstanden als man denkt. Sie können wahrscheinlich schon sagen, wie viele Personen gesprochen haben, worüber diese Personen gesprochen haben, vielleicht auch wo und wann das Gespräch stattgefunden hat. Halten Sie solche Informationen fest und versuchen Sie sie beim zweiten oder dritten Hören auszubauen.

14 Hörverstehen

34

Hören Sie den Text und beantworten Sie die Fragen.

1. Wanneer en waar is Kees Mulder geboren? ....
2. Hoelang heeft hij op school gezeten? ....
3. Hoe heet zijn oudste dochter? ....
4. Hoe oud is zijn tweede dochter nu? ....
5. Wanneer is hij naar Zwolle verhuisd? ....
6. In welk jaar hebben ze hun huis verbouwd? ....

15 Ein Tag in meinem Leben (II)

Beschreiben Sie nun Ihren gestrigen Tag. Benutzen Sie dazu eins der vorgeschlagenen Schemen auf S. 47 oder ein eigenes.

En wat voor werk doe jij?

Erläuterungen

Berufsbezeichnungen

▷ **Männliche und weibliche Formen**
Im Gegensatz zum Deutschen, das zur Andeutung einer weiblichen Personen- und Berufsbezeichnung zumeist das Suffix *-in* verwendet, finden sich im Niederländischen mehrere solcher Suffixe: ***-e, -es, -esse, -ster*** und ***-euse*** oder ***-trice.***

- ***-e***

Das Suffix *-e* erhalten viele Berufsbezeichnungen, die u. a. auf *-ent, -oog, -ist* und *-ing* auslauten:

de agent	der Polizist	*de agente*	die Polizistin
de student	der Student	*de studente*	die Studentin
de docent	der Dozent	*de docente*	die Dozentin
de bioloog	der Biologe	*de biologe*	die Biologin
de internist	der Internist	*de interniste*	die Internistin
de leerling	der Schüler	*de leerlinge*	die Schülerin

Bei der Bildung der weiblichen Formen ist zudem auf die Silbentrennung zu achten.

- ***-es (-esse)***

Das Suffix *-es* erhalten einige Personen- und Berufsbezeichnungen auf *-aar* und *-er*:

de leraar	der Lehrer	*de lerares*	die Lehrerin
de tekenaar	der Zeichner	*de tekenares*	die Zeichnerin
de schilder	der Maler	*de schilderes*	die Malerin
de prins	der Prinz	*de prinses*	die Prinzessin

Das Suffix *-esse* erhalten Ableitungen von männlichen Personen- und Berufsbezeichnungen auf *-is:*

*de secretaris**	der Sekretär	*de secretaresse*	die Sekretärin
de bibliothecaris	der Bibliothekar	*de bibliothecaresse*	die Bibliothekarin

* Wie im Deutschen bezeichnet das Wort *secretaris* eine andere Funktion als *secretaresse.*

- ***-ster***

Das Suffix -***ster*** erhalten mehrere Ableitungen von Personen- und Berufsbezeichnungen auf *-er:*

de verkoper	der Verkäufer	*de verkoop**ster***	die Verkäuferin
de groepsleider	der Gruppenleiter	*de groepsleid**ster***	die Gruppenleiterin
de kapper	der Friseur	*de kap**ster***	die Friseurin
de verpleger	der Krankenpfleger	*de verpleeg**ster***	die Krankenschwester

- ***-euse/-trice***

Die Suffixe ***-euse*** und ***-trice*** erhalten Ableitungen von männlichen Personen- und Berufsbezeichnungen meist französischen Ursprungs auf *-eur/-teur* und *-tor.*

de chauffeur		der Fahrer	*de chauff**euse***		die Fahrerin
de directeur		der Direktor	*de direc**trice***		die Direktorin
de acteur	-eur	der Schauspieler	*de ac**trice***	-trice	die Schauspielerin
de presentator		der Moderator	*de presenta**trice***		die Moderatorin

Des Weiteren gibt es einige selten vorkommende weibliche Endungen, wie z. B. ***-in:***

de boer (der Bauer)   *de boerin* (die Bäuerin)

Zudem gibt es Berufsbezeichnungen, für die eine weibliche Endung nicht vorgesehen ist. Dies waren zumeist Berufe, die früher ausnahmslos von Männern ausgeübt wurden. Will man z.B. besonders betonen, dass es sich um eine Mechanikerin *(de monteur)* oder um eine Ärztin *(de arts)* handelt, dann ist eine Umschreibung notwendig: *de vrouwelijke monteur, een vrouwelijke arts.* Zwar gibt es im letzten Fall die weibliche Form *dokteres,* diese wird jedoch, ähnlich wie z. B. *ambtenares,* selten gebraucht. *Een vrouwelijke dominee* wird man auch öfters hören als *domina.*

Les 7

▷ **Pluralformen**

Obwohl die überwiegende Mehrheit der Substantive im Niederländischen ihre Mehrzahlform auf *-en* bildet, sieht dieses Verhältnis bei Personen- und Berufsbezeichnungen etwas anders aus, bedingt durch die für Personen- und Berufsbezeichnungen typischen Endungen, die die Mehrzahlendung *-s* verlangen.

- männlich auf:

-er

kapper	*kappers*	-er
verpleger	*verplegers*	

-ier

winkelier (Ladenbesitzer)	*winkeliers*	-ier
kruidenier (Lebensmittelhändler)	*kruideniers*	

***-eur* (meistens)**

chauffeur	*chauffeurs*	-eur
monteur	*monteurs*	

-aar

leraar	*leraars/lerar**en***	-aar
ambtenaar	*ambtenaars/ambtenar**en***	

Bei dieser Gruppe ist die Mehrzahlform auf ***-en*** auch möglich.

- weiblich auf:

-e/-esse

agente	*agentes/agente**n***	-e / -esse
secretaresse	*secretaresse**s**/secretaresse**n***	

Bei dieser Gruppe ist auch die Pluralform auf ***-n*** möglich.

-ster

verkoopster	*verkoopsters*	-ster
verpleegster	*verpleegsters*	

-euse/-trice

chauffeuse	*chauffeuses*	-euse/-trice
actrice	*actrices*	

- männlich und weiblich auf Vokal bzw. Doppelvokal:

jockey	*jockeys*	
dominee	*dominees*	-s
domina	*domina's*	

Die meisten anderen Personen- und Berufsbezeichnungen bilden ihre Mehrzahlform auf *-en*. In Zweifelsfällen ist es empfehlenswert, ein Wörterbuch zu Rate zu ziehen.

Übungen

Aussprachetraining

1 Die Endung *-er* 35

Achten Sie auf die Aussprache der Endung *-er* in den folgenden Wörtern und sprechen Sie nach.

Nederlander, Duitser, kapper, verpleegster, boekhouder, jammer, zomer, suiker

2 lange und kurze Vokale: *e* 36

a) kurz: ***extra, spellen***
halblang: ***heten, spelen***
lang: ***meneer, zeer***

b) Kreuzen Sie an, ob Sie ein kurzes oder ein halblanges bzw. langes *e* hören.

	kurz	halblang/lang
1.	☐	☐
2.	☐	☐
3.	☐	☐
4.	☐	☐
5.	☐	☐
6.	☐	☐
7.	☐	☐
8.	☐	☐
9.	☐	☐
10.	☐	☐

Sprechen Sie nun die Wörter nach.

3 Wortbetonung 37

Kreuzen Sie jeweils das Wort mit dem abweichenden Betonungsmuster an. Hören Sie danach die Wörter und kontrollieren Sie Ihre Ergebnisse.

1.	groenteboer	fietsmonteur	opticien
2.	assistent	dominee	tekenaar
3.	verpleegster	boekhouder	chauffeuse
4.	leraar	kapper	chauffeur
5.	tuinman	bakker	agent

Sprechen Sie nun die Wörter nach.

4 Intonation 38

Hören Sie folgende Sätze und kreuzen Sie an, ob es sich um einen Aussagesatz oder eine Frage handelt.

	Aussagesatz	Frage
1.	☐	☐
2.	☐	☐
3.	☐	☐
4.	☐	☐
5.	☐	☐
6.	☐	☐

Sprechen Sie nun die Sätze nach. Achten Sie dabei auf die Satzmelodie.

5 Vervollständigen Sie die Tabelle.

	männlich Singular	weiblich Singular	männlich Plural	weiblich Plural
1.	de kapper			
2.		de verkoopster		
3.	de leraar			
4.			de politieagenten	
5.				de verpleegsters
6.		de docente		
7.				de ambtenaressen
8.			de artsen	
9.			de secretarissen	
10.	de monteur			
11.				de journalistes/-n
12.				de actrices

6 Lösen Sie das Rätsel.

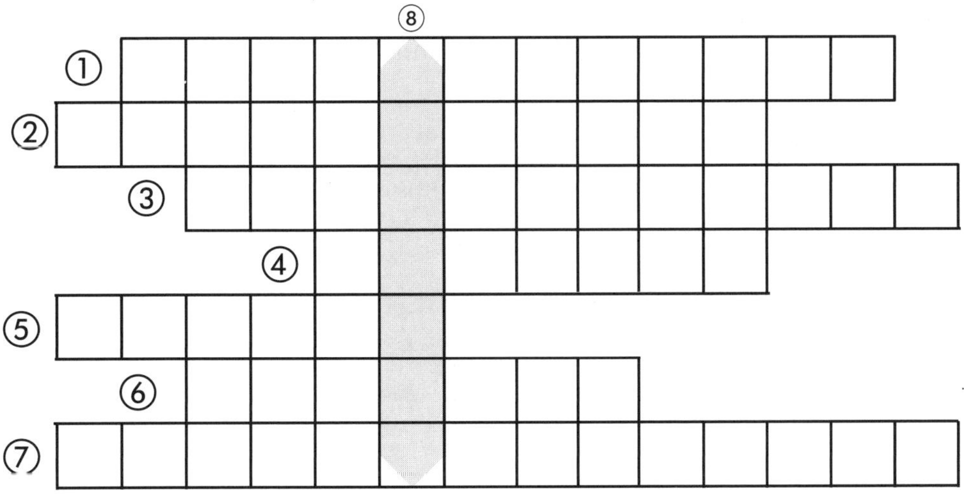

1. Deze vrouw werkt in een ziekenhuis.
2. Deze vrouw werkt in een apotheek.
3. Deze vrouw schrijft brieven voor haar baas.
4. Deze vrouw knipt haren.
5. Deze vrouw helpt oude en zieke mensen.
6. Deze vrouw werkt op een volksuniversiteit.
7. Deze vrouw leidt een aantal medewerkers.
8. Deze vrouw geeft les op school.

7 Verbinden Sie die Person mit der Tätigkeit.

1. Een agente is een vrouw die ☐
2. Een verkoper is een man die ☐
3. Een monteur is een man of vrouw die ☐
4. Een arts is een persoon die ☐
5. Een groenteboer is een persoon die ☐
6. Een opticien is een man die ☐
7. Een chauffeur is een man of vrouw die ☐
8. Een administratief medewerker is een man die ☐

a) machines repareert.
b) een bus bestuurt.
c) brillen verkoopt.
d) van alles verkoopt.
e) zieke mensen helpt.
f) bij de politie werkt.
g) gegevens van een bedrijf bijhoudt.
h) groente verkoopt.

8 Setzen Sie jeweils eines der angegebenen Verben im Perfekt ein.

volgen · opstaan · komen · beginnen · horen · werken · wegrijden

1. Heb je al van de nieuwe dokter .... ?
2. Ik heb de hele dag op kantoor ....
3. Waarom ben jij vanmorgen om 06.00 uur .... ?
4. Hij is daar als tekenaar ....
5. Maar daarna heeft hij een andere opleiding ....
6. Toen is hij naar Utrecht ....
7. Ik ben vanmorgen te laat ....

Perfekt

Perfekt

9 Wortschatz: Pluralformen

Unterstreichen Sie alle Substantive im Text auf S. 64 in Ihrem Lehrbuch und tragen Sie sie anschließend in ein Schema wie unten ein. Ergänzen Sie dann die jeweilige Einzahl- bzw. Mehrzahlform.

Singular	Plural
de kunstenaar	de kunstenaars
....	....
....	....
....	....
....	....
....	....

10 Welche Erklärung stimmt mit den vorgegebenen Ausdrücken überein?

1. Walter kent Nederland al lang.
   a) Walter is nog nooit in Nederland geweest.
   b) Walter is al vaak in Nederland geweest.
   c) Walter is in Nederland geboren.
   d) Walter is al een keer in Nederland geweest.

2. Het valt wel mee.
   a) Het is geen mooi weer.
   b) Ik ben gevallen.
   c) Ik vind het hier niet zo mooi.
   d) Het gaat wel.

3. Het weer werkt niet zo mee.
   a) Het is koud en het regent.
   b) De zon schijnt en het is lekker warm.
   c) In Nederland regent het altijd.
   d) Het is hier altijd zonnig.

4. Hij heeft zijn handen vol.
   a) Hij heeft heel veel tijd.
   b) Hij heeft een baan als monteur.
   c) Hij moet heel hard werken.
   d) Hij heeft veel geld.

11 Setzen Sie die folgenden Sätze ins Perfekt.

1. Ik blijf vandaag lekker in bed. ....
2. Het weer werkt vandaag niet mee. ....
3. Hendrik begint bij de KLM. ....
4. Zoekt Monique een restaurant uit? ....
5. Jan koopt een auto. ....
6. De dominee geeft me een goed advies. ....
7. Bedankt ze de buurvrouw? ....
8. Bevalt het je in Nederland? ....

12 Übersetzen Sie die folgenden Sätze ins Niederländische.

1. Ich habe als Sekretärin im Büro gearbeitet.

2. Die Dozenten sind zum ersten Mal in Deutschland.

3. Sie arbeitet dort schon seit fünf Jahren.

4. Als Polizist hat man alle Hände voll zu tun.

5. Mariska ist Krankenschwester und arbeitet in einem Krankenhaus in Ede.

6. Morgen kannst du den ganzen Tag machen, was du willst.

13 Hörverstehen 39

Les 7

Een interview met Jaap de Ruyter, leraar in Den Haag. Hören Sie zu und kreuzen Sie die richtige Antwort an.

1. Jaap de Ruyter is geboren in
   a) Rotterdam. b) Den Haag. c) Naaldwijk.

2. Hij heeft zijn examen gedaan in
   a) 1973. b) 1971. c) 1975.

3. Zijn leerlingen zijn
   a) slordig. b) aardig. c) grappig.

4. Meneer de Ruyters hobby is
   a) reizen. b) lezen. c) werken.

5. Het weer in Duitsland
   a) is altijd goed. b) is zoals in Nederland. c) speelt soms niet mee.

6. Het gesprek is
   a) formeel. b) informeel.

14 Wählen Sie einen fiktiven Beruf und beschreiben Sie Ihren gestrigen Tag.

Der gewählte Beruf sollte sich von Ihrem so unterscheiden, dass sich ein anderer Tagesablauf und ganz andere Tätigkeiten ergeben.

Ik heb trek in patat!

Erläuterungen

Das Diminutiv (Die Verkleinerungsform)

Die Verwendung der Diminutive ist im Niederländischen wesentlich stärker ausgeprägt als im Deutschen. Demzufolge sind auch die Möglichkeiten zur Diminutiv-Bildung größer. Alle Diminutive sind auf Grund ihrer Endung *het*-Wörter und erhalten die Pluralendung *-s*.

▷ Im Allgemeinen wird durch das Diminutiv angedeutet, dass etwas **klein** ist:

de stap	➡	*het stap**je***	der kleine Schritt
de plaats	➡	*het plaats**je***	der kleine Ort
de/het pils	➡	*het pils**je***	das kleine Pils/Bier
het stuk	➡	*het stuk**je***	das kleine Stück/das Stückchen

- Oft drückt das Diminutiv im Niederländischen eine **Verniedlichung** aus:

U kunt ook een kijkje nemen in de gebakvitrine!	Sie können auch einen Blick in die Tortenvitrine werfen!
We hebben lekker in het zonnetje gezeten.	Wir haben gemütlich in der Sonne gesessen.

Durch den Gebrauch des Diminutivs kann man außerdem noch andere Aspekte ausdrücken, z.B.:

- **Sympathie / Vertrautheit**
  Wat wil jij, Greetje? — Was möchtest du, Gretchen?

- **Gefallen**
  Dat is een lekker wijntje! — Das ist ein guter Tropfen!

- aber auch **Geringschätzung**
  De Duitsers spreken een raar taaltje. — Die Deutschen sprechen eine komische Sprache.

- Manche Verkleinerungsformen haben eine **andere Bedeutung** als die des Ursprungswortes:

brood/broodje	Brot/Brötchen
ijs/ijsje	Eis/ein Eis (in der Tüte)
koek/koekje	Kuchen/Keks

- Andere Wörter wie *beetje, meisje* und *toetje* kommen nur als Verkleinerungsform vor, manche nur in **feststehenden Ausdrücken**:

  een dutje doen — ein Nickerchen machen

Bildung des Diminutivs

Das Diminutiv wird grundsätzlich durch die Endung *-je* gebildet:

het stuk	➟	het stuk***je***
de kop	➟	het kop***je***

-je

Bei der Bildung der Diminutive gelten die bekannten Rechtschreibregeln bezüglich der Beibehaltung von langen und kurzen Vokalen. In einigen Ausnahmen kommt es zur Verlängerung eines kurzen Vokals:

*het gl**a**s* ➟ het gl***aasje***

Um die Aussprache zu erleichtern, werden je nach Auslaut des Grundwortes andere Varianten der Endung *(-tje, -etje, -pje, -kje)* angehängt (siehe Lektion 16, Seite 134 für weitere Informationen zur Bildung). Beispiele:

de auto	➟	*het auto**tje***	
het café	➟	*het caf**ee**tje*	*é* wird zu *ee*
de borrel	➟	*het borrel**tje***	
de dochter	➟	*het dochter**tje***	
de bril	➟	*het bril**letje***	
de boom (Baum)	➟	*het boom**pje***	
de woning (Wohnung)	➟	*het wonin**kje***	

-tje -etje -pje -kje

Aussprache

-s bzw. ***-st + je*** = [-ʃə]:
meisje, ijsje, lijstje, worstje

-t bzw. ***-d + je*** = [-tjə]:
beetje, taartje, vriendje, broodje

Les 8

Weitere Anwendungen des Diminutivs

Nicht nur Substantive, sondern auch andere Wortarten werden verkleinert. Hier gelten dieselben Regeln wie oben, nur dass Adjektive und Adverbien noch ein *-s* am Ende bekommen:

Ik ben heel netjes.	Ich bin sehr ordentlich.
Hij heeft het heel netjes gedaan.	Er hat es sehr ordentlich/sorgfältig gemacht.

Das modale Hilfsverb *zullen*

... gebraucht man bei **Vorschlägen.** So wie die Verben *kunnen, moeten, mogen* und *willen* (Lektion 1, und 3) wird das Hilfsverb *zullen* (sollen) in Verbindung mit einem Hauptverb verwendet:

Zullen *we ergens **gaan zitten**?* Sollen / Wollen wir uns irgendwo hinsetzen?

ik	zal	we/wij	zullen
je/jij	zal/zult	jullie	zullen
u	zult/zal		
hij/ ze/zij / het	zal	ze/zij	zullen

In der zweiten Person Singular gibt es sowohl bei *jij* als auch bei *u* zwei Formen. In der gesprochenen Sprache hört man bei *jij* die Form *zal* häufiger, in der geschriebenen Sprache und beim formellen *u* kommt *zult* häufiger vor.

Übungen

Aussprachetraining

1 *aai, ooi, oei* 40

aai: ***lawaai, waaien, taai, draaien, maaien***
ooi: ***mooi, nooit, fooi, ooit***
oei: ***doei, moeilijk, opgroeien, roeien***

Sprechen Sie nun die Wörter nach.

2 lange und kurze Vokale: *i* 41

a) kurz: ***niks, zin***
halblang: ***ziek, kiezen***
gedehnt: ***hier, manier***

b) Kreuzen Sie an, ob Sie ein kurzes oder ein halblanges bzw. langes *i* hören.

	kurz	halblang/lang
1.		
2.		
3.		
4.		
5.		
6.		
7.		
8.		

Sprechen Sie nun die Wörter nach.

3 Wortbetonung 42

Hören Sie folgende dreisilbige Wörter und kreuzen Sie jeweils das passende Betonungsmuster an.

	Ooo	oOo	ooO
1.			
2.			
3.			
4.			
5.			
6.			
7.			
8.			

Sprechen Sie nun die Wörter nach.

4 Intonation 43

Hören Sie folgende Sätze und kreuzen Sie an, ob es sich um einen Aussagesatz oder eine Frage handelt.

	Aussagesatz	Frage
1.		
2.		
3.		
4.		
5.		
6.		

Sprechen Sie nun die Sätze nach.
Achten Sie dabei auf die Satzmelodie.

5 Bilden Sie die Diminutive.

1. de straat ....
2. de auto ....
3. het glas ....
4. het huis ....
5. de spa ....
6. de tafel ....
7. de stad ....
8. de brief ....
9. de fles ....
10. de soep ....
11. het woord ....
12. het gedicht ....
13. het uur ....
14. de winkel ....

6 Bilden Sie die Diminutive. Achten Sie dabei auf die Flexion der Adjektive.

1. een lief kind ....
2. een lekkere soep ....
3. het nieuwe gerecht ....
4. een drukke plaats ....
5. de dikke fles ....
6. een mooie auto ....
7. het oude café ....

7 Ergänzen Sie die Diminutive.

1. Janneke is .... van Jan.	de dochter
2. Zij is mijn	de zus
3. Jeroen geeft vandaag een	het feest
4. Hij heeft twintig .... op de markt gekocht.	het brood
5. Daarna eet hij nog een	het ijs
6. Voor mij een .... graag.	het pils
7. Als alles klaar is, drink ik een	de kop koffie

8 Lösen Sie das Silbenrätsel.

Silben: bak · bal · bit · bor · del · fri · ge · kan · pa · rel · smij · spa · tat · ter · ter · ti · tos · uit

1. In vet gebakken aardappels ....
2. Brood met vlees of kaas en gebakken eieren ....
3. Sandwich van geroosterde sneetjes brood ....
4. Een andere naam voor mineraalwater ....
5. Gebraden vleesballetje ....
6. Dat wat je bij de koffie eet ....
7. Een glas sterke drank ....
8. En snack met gehakt erin, in de vorm van een worst ....

A-Z

9 Was bekommt man wo?

Wählen Sie ca. 10 Substantive aus dem Text auf S. 74 in Ihrem Lehrbuch, die für Sie wichtig sind, und tragen Sie sie anschließend an die passende Stelle in einer Wortspinne wie unten ein. Ergänzen Sie dann die jeweilige Einzahl- bzw. Mehrzahlform.

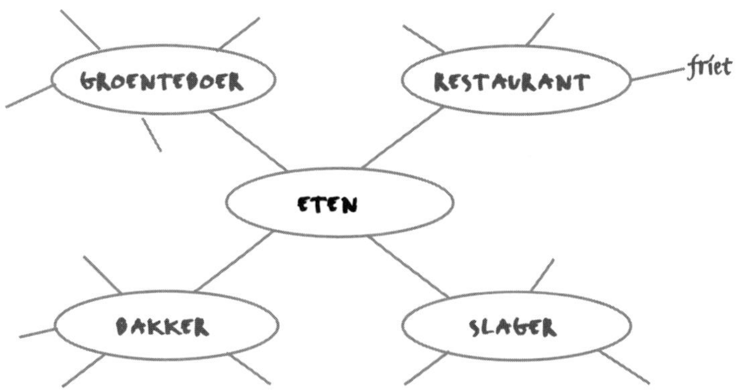

Singular	Plural
de friet	de frieten
....	....
....	....
....	....
....	....

10 Welche Sätze würde man in einem Lokal verwenden?

Streichen Sie Unpassendes.

Geeft u mij maar

a) een koffie verkeerd.
b) alstublieft.
c) een nasihap.
d) vanavond.
e) iets kouds.
f) patat.
g) trek.
h) dat stukje.
i) een fooi.
j) smakelijk eten.
k) een spa.

11 Ergänzen Sie die Formen des Modalverbs *zullen*.

1. Wat .... we drinken: een pilsje of liever thee?
2. .... ik voor jou iets meebrengen?
3. .... we naar de bioscoop gaan?
4. .... de dokter morgen nog eens komen?
5. .... jij dat voor mij doen?
6. U .... dat toch niet zeggen!

12 Machen Sie eigene Vorschläge.

Sie sind seit zwei Stunden mit einem Freund/einer Freundin in der Stadt unterwegs und möchten etwas essen und/oder trinken. Machen Sie Vorschläge anhand der Bilder.

①

④

⑤

②

③

⑥

1. ....
2. ....
3. ....
4. ....
5. ....
6. ....

13 Übersetzen Sie die folgenden Sätze ins Niederländische.

1. Ich habe Lust auf eine große Portion Pommes frites.

2. Ja, wir trinken etwas, aber wir essen nichts.

3. Sollen wir uns irgendwo hinsetzen?

4. Ich nehme einen Apfelkuchen und eine Tasse Tee.

5. Bist du zum ersten Mal in diesem Lokal?

6. Schau mal, dort an der Ecke ist eine Pommesbude.

7. Habt ihr schon gezahlt?

14 Hörverstehen 44

In het eetcafé

Hören Sie den Text und stellen Sie die falschen Aussagen richtig.

1. Arno en Margriet willen graag uit eten gaan.
2. Serge werkt als politieagent.
3. Er is geen tafel meer vrij voor Margriet en Arno.
4. Margriet bestelt patat met mayonaise en een frikadel.
5. Arno eet een stukje appelgebak.
6. Ze moeten € 7,50 betalen.

15 Stellen Sie eine Speisekarte zusammen.

Sie helfen einem Freund, der ein *eetcafeetje* hat, die Auswahl für seine Karte zu treffen. Was bieten Sie den Gästen an?

Het Zeepaardje eetcafé

SOEPEN
Tomatensoep ... € 2,75

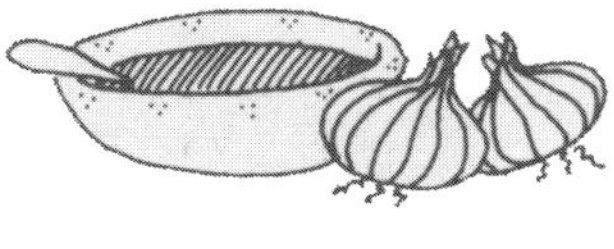

BROODJES

DIVERSEN

SALADES

TOETJES

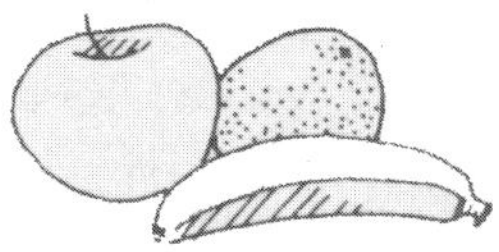

DRANKEN

Pardon, weet u misschien waar ...?

Erläuterungen

Die Präpositionen

Der Gebrauch der Präpositionen entspricht generell dem im Deutschen:

*Ik ben **in** Haarlem geboren.*
*De bushalte is **naast** het stadhuis.*
*U rijdt **door** de tunnel.*

Daneben gibt es einige Unterschiede, die anhand folgender Beispiele verdeutlicht werden sollen.

- Bei Präpositionen, die sowohl einen Ort als auch eine Richtung andeuten können, wird bei der Richtungsangabe oft die Präposition nachgestellt:

*Het kind gaat de tuin **in**.*	Das Kind geht in den Garten (hinein).
*Het kind loopt **in** de tuin.*	Das Kind geht im Garten herum.

  Die Artikel bleiben nach den Präpositionen unverändert.

- Bei der Datumsangabe folgt nach *op* meistens die Grundzahl (und nicht die Ordinalzahl):

*Ik ben **op** 11 juni 1966 geboren.*	Ich bin am 11. Juni 1966 geboren.

Wortfolge

Wie in einem deutschen Gliedsatz steht das Verb bei einer indirekten Frage am Satzende. Die zwei Satzteile werden *nicht* durch ein Komma voneinander getrennt:

Kunt u me zeggen waar de VVV is?
Weet u waar de VVV is?

Der Imperativ

1. **Informell = Verbstamm:**

Hou maar op!	Hör doch auf!
Zeg dat wel!	Das kannst du laut sagen!

Diese Form wird auch für die 2. Person Plural verwendet:

Schiet op, jongens!	Beeilt euch, Jungs!

2. **Formell = Verbstamm + *t*** mit nachgestelltem Pronomen *u:*

Gaat u alsmaar rechtdoor, mevrouw!	Gehen Sie immer geradeaus!
Neemt u plaats, meneer!	Nehmen Sie Platz!

Vor allem bei häufig vorkommenden Imperativformen kann es aber auch sein, dass man die „*je/jij*-Form" in einem Gespräch benutzt, in dem man den Gesprächspartner sonst siezt:

Wacht even.	Warte mal / Warten Sie mal.
Kijk, we staan nu hier.	Schau mal / Schauen Sie mal, wir stehen jetzt hier.

Das Verb *zijn* hat eine unregelmäßige Form, die inzwischen etwas altmodisch wirkt. Hier geht man von der Grundform *wezen* aus:

Wees *niet zo brutaal!*	Sei nicht so frech!

Der Befehlscharakter wird durch die Verwendung von *eens, even* oder *maar* (mal) abgeschwächt.

Auf Schildern, aber auch in der Umgangssprache, wird der Infinitv als Befehlsform verwendet:

Niet roken!	Nicht rauchen!

Vereniging voor Vreemdelingen Verkeer

Das Adverb *er* als Ortsangabe

Mit dem lokalen ***er*** deutet man einen bereits erwähnten Ort an:

De VVV? Nog een klein stukje lopen, dan bent u ***er*** *al.*
Moet je naar de bank? – Nee, ik ben ***er*** *al geweest.*

Er wird nie betont, kann also nicht am Satzanfang stehen. Will man die Ortsangabe betonen, muss man statt *er* entweder *hier* oder *daar* verwenden:

Ben u weleens in Groningen geweest? – Nee, daar ben ik nog nooit geweest.

Zwei weitere Verwendungsmöglichkeiten des Adverbs *er* haben Sie in Lektion 4 kennen gelernt.

Les 9

Personalpronomen (Fortsetzung)

Wie Sie schon wissen, gibt es im Niederländischen nur zwei grammatische Geschlechter bzw. zwei Artikel: *de* für männliche und weibliche Substantive und *het* für sächliche. Aber mit welchem Personalpronomen ersetzt man ein *de*-Wort: *hij* oder *zij*?

Abgesehen von einer kleiner Gruppe abstrakter Substantive* und weiblichen Lebewesen können alle ***de*-Wörter** als **männlich** gelten:

Weet u waar de VVV is? – ***Hij*** *is hier vlakbij. Ik heb* ***hem*** *pas gezien.*

Dieses Problem wird oft umgangen, indem man das Demonstrativpronomen ***die*** statt eines der Personalpronomen verwendet:

Weet u waar de VVV is? – Ja, ***die*** *is hier vlakbij.*

Das Personalpronomen *hem* (Objektfall) steht nicht am Satzanfang. In diesem Fall *muss* man das Demonstrativpronomen verwenden:

Hoe vind je die kerk? – Ik vind hem heel mooi. / ***Die*** *vind ik heel mooi.*

* Zu dieser Gruppe gehören u. a. Substantive mit den folgenden Endungen:
-heid, -nis, -ing, -schap, -de/-te, -ij und *-ie, -iek, -teit, -tuur, -ade/-ide/-ode/-ude, -age, -sis/-tis.*

Übungen

Ausspracheטraining

1 kurzes *e* und [ə] 45

a) kurzes e: ***ben, zeg, let op, welk***

[ə]: ***de, een, je, bedankt***

b)

	kurzes e	[ə]
1.		
2.		
3.		
4.		
5.		
6.		
7.		

Sprechen Sie nun die Wörter nach.

2 lange und kurze Vokale: *o* 46

a)
kurz: ***nog, onder***
halblang: ***persoon, lopen***
gedehnt: ***hoor, kantoor,***

b) Kreuzen Sie an, ob Sie ein kurzes oder ein halblanges bzw. langes *o* hören.

	kurz	halblang/lang
1.		
2.		
3.		
4.		
5.		
6.		
7.		
8.		

Sprechen Sie nun die Wörter nach.

3 Wortbetonung 47

Hören Sie folgende zweisilbigen Wörter und kreuzen Sie jeweils das passende Betonungsmuster an.

	Oo	oO
1.		
2.		
3.		
4.		
5.		
6.		
7.		
8.		

Sprechen Sie nun die Wörter nach.

4 Intonation 48

Hören Sie folgende Sätze und kreuzen Sie an, ob es sich um einen Aussagesatz oder eine Frage handelt.

	Aussagesatz	Frage
1.		
2.		
3.		
4.		
5.		
6.		

Sprechen Sie nun die Sätze nach.
Achten Sie dabei auf die Satzmelodie.

5 Bilden Sie den Imperativ.

1. nog wat koffie halen — Haal nog wat koffie! oder Haalt u nog even wat koffie!
2. op tijd komen ……………
3. het geld niet vergeten ……………
4. eens komen kijken ……………
5. binnenkomen ……………
6. gaan zitten ……………
7. me even volgen ……………

6 Pluralformen

Wählen Sie ca. 10 Substantive aus dem Text auf S. 82 in Ihrem Lehrbuch, die für Sie wichtig sind, und tragen Sie sie anschließend in ein Schema wie unten ein. Ergänzen Sie dann die jeweilige Einzahl- bzw. Mehrzahlform.

Singular	Plural
de tulp	de tulpen

Les 9

7 Waar is het postkantoor?

Setzen Sie die passende Ortsangabe ein.

op de hoek ◎ achter de bank ◎ daar ◎ in de Beatrixlaan ◎ naast de bakkerij
aan de overkant ◎ tegenover de supermarkt ◎ vlakbij de bakkerij

① ……………

② ……………

③ ……………

④ ……………

⑤ ……………

⑥ vlakbij de bakkerij

⑦ ……………

⑧ ……………

8 Ergänzen Sie die Präpositionen.

Präpositionen

1. De kleine auto rijdt .... de brug.
2. Lieneke staat .... mijn vader en mij.
3. Onze hond Balu ligt altijd .... de deur.
4. Ik heb toevallig een plattegrond .... me.
5. Het stadhuis ligt precies .... de Oude Kerk.
6. Veel plezier .... Den Haag!
7. Henk en Harrie gaan over tien minuten .... huis.
8. Ligt Haarlem .... de Noordzee?
9. De meeste toeristen .... Vlissingen komen .... Duitsland.
10. Daarna loopt u .... een voetgangerszone.

9 Stellen Sie eine Frage.

Verwenden Sie dabei ein Demonstrativpronomen.

1. koffie — Hoeveel kost ... ?
2. standbeeld — Waar staat ... ?
3. boek — .... ?
4. auto — .... ?
5. fiets — .... ?
6. appelgebak — .... ?
7. kerk — .... ?
8. postkantoor — .... ?

10 Ergänzen Sie das entsprechende Adjektiv.

Adjektive

1.	wit	Henk drinkt een glas .... wijn.
2.	bruin/blauw	Bedoel je nu deze .... kast of die .... ?
3.	rood	U loopt dan langs een .... postkantoor.
4.	geel	Er staat een .... auto op het plein.
5.	groen	Wij hebben in onze straat een .... telefooncel.
6.	zwart	Let op: .... katten!
7.	paars	Wil je echt deze .... broek aantrekken?

11 Folgen Sie der Wegbeschreibung und ergänzen Sie.

a) **Je staat bij A:**

Je gaat rechtdoor, dan sla je bij de eerste straat rechtsaf. Nu ga je de eerste straat linksaf en dan ga je rechtdoor. Nu sta je .... Nu de eerste zijstraat weer naar rechts en direct daarna weer naar links. Bij de volgende straat weer naar rechts. Na ongeveer 100 meter zie je aan de rechterkant ....

Je staat bij B:

Je loopt rechtdoor, dan de eerste straat naar rechts. Die loop je ook rechtdoor en dan ben je .... De eerste straat weer naar rechts en dan de volgende naar links. Deze straat loop je rechtdoor. Daar op de hoek zie je dan ...

Je staat bij C:

Je rijdt rechtdoor, dan de eerste straat linksaf. Dan weer rechtdoor, dan ben je .... Aan de linkerkant zie je ...

b) **Beschreiben Sie den Weg von Punkt B zu Punkt A.**

1. het stadhuis
2. de Nieuwe Kerk
3. de VVV
4. het postkantoor
5. het station
6. het hotel
7. de Oude Kerk

Les 9

12 Übersetzen Sie die folgenden Sätze ins Niederländische.

1. Pardon, kennen Sie sich hier aus?

2. Können Sie mir sagen, wo ich den Bahnhof finde?

3. Ja, das ist hier ganz in der Nähe.

4. Ihr müsst ein kleines Stück geradeaus gehen.

5. Die Oude Kerk liegt gegenüber dem Rathaus.

6. Es gibt in Delft viele Sehenswürdigkeiten.

13 Hörverstehen 49

Hören Sie den Text
und beantworten Sie die Fragen.

1. In welke stad zijn Joke en Piet?

2. Wat willen ze hier doen?

3. Woont de meneer in Delft?

4. In welke straat ligt het zwembad?

5. Hoe ver is het naar het zwembad?

Lekker met de trein!

Erläuterungen

Die Ordinalzahlen

1e	**eerste**	12e	twaalf**de**
2e	twee**de**	13e	dertien**de**
3e	**derde**	20e	twintig**ste**
4e	vier**de**	21e	eenentwintig**ste**
5e	vijf**de**	30e	dertig**ste**
6e	zes**de**	40e	veertig**ste**
7e	zeven**de**	50e	vijftig**ste**
8e	**achtste**	100e	honderd**ste**
9e	negen**de**	101e	honderd eerste
10e	tien**de**	200e	tweehonderdste
11e	elf**de**	1000e	duizendste

Die Ordinalzahlen bis 19e werden mit *-de* von den betreffenden Grundzahlwörtern abgeleitet. Ausnahme bilden 1e - ***eerste,*** 3e - *der**de*** und 8e - *acht**ste.*** Alle anderen Ordinalzahlen werden mit ***-ste*** gebildet.

Ordinalzahlen können sowohl als Adjektiv *(het tweede huis rechts)* und auch als Substantiv *(Vandaag hebben wij de zevende)* verwendet werden.

Wortfolge

Die Konjunktionen ***omdat*** (weil) und ***(al)hoewel*** (obwohl) leiten einen Nebensatz ein. Die Wortfolge im Satz ist wie im Deutschen:

> *Ik ga liever met de trein **omdat** het gezelliger **is.***
> ***Alhoewel** het al laat **is,** ga ik toch met je mee.*

Ein Komma wird bei *omdat* nur dann gesetzt, wenn der Nebensatz vorangestellt wird, bei *(al)hoewel* immer.

Wortfolge (2)

In Sätzen mit der Konstruktion ***daar*** bzw. ***er* + Präposition** stehen diese zwei Elemente möglichst weit auseinander:

> *Waarom doe je **daar** nou zo moeilijk **over?***
> ***Daar** wordt het echt niet beter **van.***

Nur in kurzen Sätzen, wie im folgenden Beispiel, werden die Wörter zusammengeschrieben:

> *Ik heb **ervan** gehoord.*

Sprachgebrauch

iets leuk vinden	etwas schön finden
iets graag doen	etwas gern tun
van iets houden	etwas lieben

Die ersten zwei Konstruktionen sind von der Bedeutung her ähnlich, jedoch nicht immer austauschbar. Beide Ausdrücke werden verwendet, wenn es wie hier in dieser Lektion um Vorlieben geht. *iets leuk vinden* kann aber auch dann verwendet werden, wenn es darum geht, was man tun möchte.

Der Ausdruck *van iets houden* wird auch bei Vorlieben verwendet; er ist natürlich stärker als die ersten zwei Ausdrücke.

instappen

uitstappen

lekker met de trein
Das Wort *lekker* (lecker) wird nicht nur in Zusammenhang mit Essen und Trinken, sondern auch für alles verwendet, was bequem, gemütlich, angenehm ist.

Dat is niks voor mij!
In der gesprochenen Sprache wird *niets* oft durch das betonte *niks* ersetzt. Es bedeutet soviel wie „gar nichts", „überhaupt nichts".

Je bent er zó.	Man ist im Nu da.
Zonde van de tijd!	Schade um die Zeit!
Ik ben bang om te vliegen.	Ich habe Angst vor dem Fliegen.

Doe niet zo gek!
'Er is eens in een bedrijf een grote ruzie geweest omdat een Nederlandse baas tegen een buitenlandse arbeider zei: 'Doe niet zo gek, joh!' De arbeider dacht dat de baas hem een gek noemde. Daardoor ontstond er een groot conflict. De uitdrukking 'Doe niet zo gek!' is altijd vriendelijk bedoeld. Nederlanders zeggen dat alleen als ze u aardig vinden.'
aus *Doe maar gewoon* von Hans Kaldenbach

Übungen

Ausprachetraining

1 Endungen 50

-tie: ***informatie, functie, traditie, relatie, politie***
-tion: ***station, functioneel, traditioneel, nationaal***

Sprechen Sie die Wörter nach und achten Sie auf die Aussprache der jeweiligen Buchstabenkombination.

2 Kreuzen Sie die abweichende Aussprache der unterstrichenen Buchstaben an. 51

1.	blauw	pauze	auto	gauw
2.	blijven	bijzonder	reizen	Parijs
3.	lijst	geintje	bewijs	vriendelijk
4.	ontbijten	bijna	bijvoorbeeld	vlakbij

Sprechen Sie nun die Wörter nach.

3 Wortbetonung 52

Kreuzen Sie jeweils das Wort mit dem abweichenden Betonungsmuster an. Hören Sie danach die Wörter und kontrollieren Sie Ihre Ergebnisse.

1.	muziek	vliegtuig	auto
2.	luisteren	wandelen	tuinieren
3.	eigenlijk	natuurlijk	vriendelijk
4.	parkeerplaats	bioscoop	verbinding
5.	tennissen	relaxen	winkelen

Sprechen Sie nun die Wörter nach.

4 Intonation 53

Hören Sie folgende Sätze und kreuzen Sie an, ob es sich um einen Aussagesatz oder eine Frage handelt.

	Aussagesatz	Frage
1.	☐	☐
2.	☐	☐
3.	☐	☐
4.	☐	☐
5.	☐	☐
6.	☐	☐

Sprechen Sie nun die Sätze nach. Achten Sie dabei auf die Satzmelodie.

Les 10

5 Ergänzen Sie die Ordinalzahlen.

1. Is dit jouw .... (1e) reis naar Wenen, Henk?
2. Nee, dat is al de .... (3e) keer.
3. De .... (9e) maand van het jaar is september.
4. Mijn zoon zit in de .... (8e) klas.
5. Ik zeg het niet voor de .... (2e) keer.
6. Wij wonen op de .... (13e) etage.
7. De familie Meijer woont in het .... (6e) huis rechts.
8. Ik hoor dit lied al voor de .... (100e) keer.

6 Ergänzen Sie die Formen des Perfekts.

1.	zoeken	Erik .... vanmorgen heel lang naar zijn radio ....
2.	eten	.... jullie nu al genoeg ....?
3.	hebben	We .... in Wenen heel veel plezier ....
4.	opgroeien	Pedro .... in Spanje ....
5.	komen	Waarom .... jullie pas zo laat ....?
6.	zijn	.... hij nog nooit in Amsterdam .... ?
7.	reizen	Gisteren .... Ria naar Wenen ....
8.	kopen	Ik .... onze kaartjes voor de treinreis al ....

7 Ergänzen Sie die Sätze.

1. Ik ben vanmorgen pas om 10.00 uur opgestaan omdat ....
2. Hein wil vanavond niet meegaan alhoewel ....
3. Ria reist liever met de trein omdat ....
4. Erik vliegt liever als hij op vakantie gaat alhoewel ....
5. Rob wil niet zo graag zwemmen omdat ....
6. Janny eet het liefst bij de Italiaan omdat ....
7. In Nederland is watersport heel populair omdat ....
8. Ik vind het hier gezellig alhoewel ....

8 Bilden Sie den Plural der kursiv gedruckten Wörter.

1. De *schaatser staat* al op het ijs. ....
2. Wanneer *vertrekt de trein* naar Utrecht? ....
3. *Er is* geen *parkeerplaats* meer vrij. ....
4. *De reiziger wordt* op het station geïnterviewd. ....
5. *De bioscoop is* gesloten. ....
6. Op het plein *staat een auto* geparkeerd. ....
7. Er *is een telefooncel* voor het stadhuis. ....

Plural

9 Ergänzen Sie die Präpositionen.

Präpositionen

1. Ben je nog nooit .... Scheveningen geweest?
2. .... de trein duurt het de hele dag.
3. Waarom doe je daar zo moeilijk ....
4. Dat is niets .... mijn moeder.
5. Thuis kun je .... muziek luisteren.
6. In Nederland doet men veel en graag .... sport.
7. We maken in Amsterdam een boottocht .... de grachten.
8. Jan Timmermans is .... 23 mei 1912 geboren.
9. Ik sta elke dag .... 07.00 uur op.
10. Wat eet jij .... het ontbijt?

Les 10

Diminutive

10 Bilden Sie die Diminutive.

1. Dit zijn mijn twee nichten. ....
2. Jongens, jullie hebben een mooi huis, zeg! ....
3. Het oude café in de Bergstraat bestaat al 100 jaar. ....
4. Gisteren hebben we een leuk feest gevierd. ....
5. Met de boot varen wij door de grachten. ....
6. Wij wonen in deze kleine stad. ....
7. Vader leest uit het oude boek voor. ....

11 Was hat Jan Pieter am Wochenende gemacht?

12 Übersetzen Sie die folgenden Sätze ins Niederländische.

1. Thijs und Irene wollen nach Wien fahren.

2. Irene fliegt gerne, weil es so schneller geht.

3. Thijs nimmt lieber den Zug, obwohl es den ganzen Tag dauert.

4. Aber im Zug kann man lesen, schlafen und Musik hören.

5. Irene findet, dass dies vertane Zeit ist.

6. Sie hat keine Lust, den ganzen Tag im Zug zu sitzen.

7. Fahren Sie oft mit dem Zug?

8. Ich gehe gerne ins Kino. Und du?

Les 10

13 Hörverstehen 54

Hören Sie das Interview und kreuzen Sie an, welche Aussage richtig oder falsch ist.

		richtig	falsch
1.	De interviewer wil weten wat de mensen in Nijmegen in hun vrije tijd doen.		
2.	Bij dit interview hoeft de geïnterviewde zijn naam niet te noemen.		
3.	De geïnterviewde man is 43 jaar oud.		
4.	Hij vindt computeren en lezen leuk.		
5.	Hij zwemt graag, fietst elke dag en speelt af en toe voetbal.		
6.	Hij tuiniert graag.		
7.	Hij is van mening dat er in Nijmegen niet genoeg mogelijkheden voor vrijetijdsbesteding bestaan.		

A-2

14 Wortschatz

Ordnen Sie die Sportarten im Text auf Seite 90 im Lehrbuch folgenden Kriterien zu:

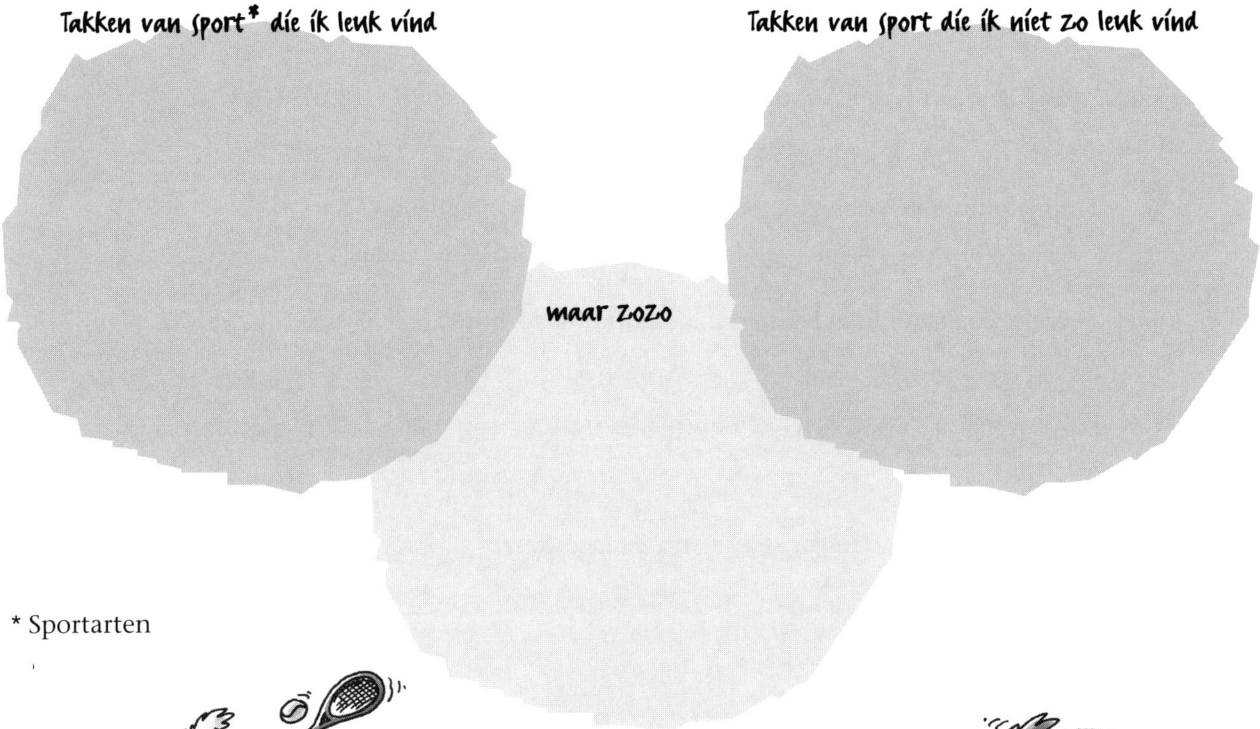

* Sportarten

LERN TIPP

Wortschatzarbeit

Wenn Sie zu Hause neue Wörter, die Sie gebrauchen möchten, im Wörterbuch nachschlagen, sollten Sie versuchen, sie bei Gelegenheit im Unterricht anzuwenden. Damit können Sie sicherstellen, dass Sie das treffende Wort gefunden haben und es auch richtig gebrauchen.

Test 2 S. 174

We gaan verhuizen!

Erläuterungen

Das Futur mit *gaan*

Das Futur deutet eine Handlung oder Situation an, die erst noch geschehen muss. Meistens wird das **Präsens** mit einer adverbialen Bestimmung der Zeit dazu verwendet, wie übrigens auch im Deutschen (*Morgen vliegen we naar Parijs.* Morgen fliegen wir nach Paris).
Für eine Handlung in der Zukunft wird häufig die Konstruktion ***gaan*** **+ Infinitiv** verwendet. Ein Bedeutungsunterschied zwischen beiden Konstruktionen ist in der Regel kaum auszumachen.

Over twee weken ***gaan*** *we* ***verhuizen.***	In zwei Wochen ziehen wir um.
We ***gaan*** *in Parijs vrienden* ***bezoeken.***	Wir werden in Paris Freunde besuchen.
We ***gaan*** *een verdieping hoger* ***wonen.***	Wir werden ein Stockwerk höher wohnen.

Gaan wird nicht in Verbindung mit den Verben *hebben, zijn* oder *gaan* verwendet.

Ähnlich wie im Deutschen mit dem Hilfverb „werden", kann das Futur mit *zullen* gebildet werden. Ein Beispiel dafür gibt es im Lehrbuch in Lektion 3, S. 34:

Dat ***zal*** *ik nooit* ***vergeten.***	Das werde ich nie vergessen.

zijn + *aan het* + Infinitiv

Diese im Deutschen hauptsächlich in der Umgangssprache verwendete Struktur (z. B.: Was machst du (gerade)? – Ich bin *am Putzen*) findet sich im Niederländischen wesentlich häufiger. Man beschreibt damit eine aktive Handlung, die gerade abläuft.

Wat ***ben*** *je* ***aan het doen?***	Was machst du (gerade)?
– Ik ***ben koffers aan het pakken.***	– Ich packe (gerade) meine Koffer.

Diese Konstruktion wird *nicht* verwendet, um einen Zustand zu beschreiben (~~*Hij is aan het slapen*~~).

In der Regel darf nichts zwischen *aan het* und dem Infinitiv stehen.

Rechtschreibung: Trema

Lange verwendete man ein Trema – zwei Pünktchen über einem Vokal – um bei einer Häufung desselben Vokals in zusammengesetzten Wörtern diese lesbarer zu machen, z. B. *meeëten*. Nach der 1996 in Kraft getretenen Rechtschreibreform trennt man nun solche Wörter mit einem Trennstrich: *mee-eten*.

Les 11

Der Komparativ

Der Komparativ wird verwendet, wenn zwei unterschiedliche Personen oder Sachen miteinander verglichen werden. Wie im Deutschen bildet man auch im Niederländischen den Komparativ eines Adjektivs, indem man an die Grundform des Adjektivs die Endung ***-er*** anhängt:

klein ➡ *klein**er***
leuk ➡ *leuk**er***
hoog ➡ *hog**er***

Darüber hinaus gibt es noch einige Besonderheiten:

- Adjektive, die auf ***-r*** enden, erhalten aus phonetischen Gründen die Endung ***-der:***

  lekker ➡ *lekker**der***
  duur ➡ *duur**der***

- Adjektive, die auf ***-e*** enden, erhalten im Komparativ die Endung ***-r:***

  solide ➡ *solide**r***

- Folgende Wörter haben unregelmäßige Komparativformen:

  goed ➡ ***beter***
  veel ➡ ***meer***
  weinig ➡ ***minder***
  graag ➡ ***liever***

Bei der Flexion der gesteigerten Form des Adjektivs gelten dieselben Regeln wie bei der Flexion des Adjektivs als Grundwort:

*de grote**re** woning* — *het hoge**re** gebouw*
*een vriendelijke**re** buurman* — *een leuker_ meisje*

Beim prädikativen Gebrauch des Komparativs bleibt das Adjektiv unverändert:

Dit huis is duurder.
Onze hond is kleiner.

Der Gebrauch der Vergleichsformen

1. Der Positiv

Bei Vergleichen des gleichen Grades verwendet man die Vergleichswörter ***net zo ... als*** oder ***even ... als***:

*Jan is **net zo** groot **als** Anneke.*
*Henk is **even** grappig **als** Piet.*

2. Der Komparativ

Bei Vergleichen ungleichen Grades verwendet man die Konjunktion ***dan***:

*Mijn broer is groter **dan** ik.*
*Jaap is grappiger **dan** Jeroen.*

In der Umgangssprache wird häufig auch ***als*** anstelle von ***dan*** verwendet.

Übungen

1 Bilden Sie vollständige Sätze und verwenden Sie dabei *gaan* + Infinitiv.

1. Morgen - Wim - Den Haag - verhuizen
2. Vanavond - we - Chinees - eten
3. Volgende maand - Hans - nieuwe auto - kopen
4. Overmorgen - Ruud - broer - helpen
5. Vanaf volgende week - hij - Venlo - wonen
6. Dit weekend - ik - fiets - repareren
7. Over een uurtje - ik - thee zetten
8. Morgen - Jan - tot 19.30 uur - werken
9. Volgend jaar - Anneke - aan de marathon - deelnemen

Les 11

2 Bilden Sie die Sätze unter Anwendung von *aan het* + Infinitiv um.

1. Wij eten. ....
2. Ze tennissen. ....
3. Het kind ontbijt. ....
4. Paul schildert. ....
5. Dirk ruimt de keuken op. ....
6. Kom binnen, we borrelen. ....
7. Ik kook erwtensoep. ....

3 Wat zijn ze aan het doen?

Schauen Sie sich das Bild an und beschreiben Sie, was die angegebenen Personen gerade machen. Zur Erinnerung: Die Konstruktion *zijn* + *aan het* + Infinitiv wird nur bei aktiven Tätigkeiten verwendet!

de krant lezen
boodschappen doen
een brief schrijven
spelen
douchen
koken

1. Bart Hendrixx is aan het ...
2. Meneer De Meyer ...
3. Anne en Leo Boes ...
4. Mevrouw Tryens ...
5. Wim van den Berg ...
6. Wilma Eeftink ...

4 Bilden Sie den Komparativ der folgenden Wörter.

1. hoog ...
2. lekker ...
3. hard ...
4. jong ...
5. graag ...
6. snel ...
7. goed ...
8. mooi ...
9. veel ...
10. groot ...

5 Vervollständigen Sie die Vergleiche.

1. veel — Mijn broer verdient .... ik.
2. vroeg — Ik sta 's morgens .... Piet.
3. duur — Bananen zijn .... appels.
4. jong — Mijn vader is .... mijn oom Rinus.
5. goed — Gisteren was het weer .... vandaag.

Drücken Sie nun die Gleichheit aus.

6. lief — Mijn hond is .... jouw kat
7. populair — Van Gogh is .... Rembrandt
8. warm — Hier in Nederland is .... Duitsland
9. dun — Claude is .... Karel
10. romantisch — Ik ben .... mijn vrouw

6 Vergleichen Sie Deutschland und die Niederlande anhand der Grafik.

Les 11

1. het aantal inwoners — *Duitsland heeft meer inwoners dan Nederland maar Nederland ...*
2. de investeringen
3. de bierconsumptie
4. het toerisme
5. het autobezit
6. het aantal werklozen
7. de export

(Stand: 1998)

7 Welches Wort passt nicht in die Reihe?

1.	vanavond	twee weken geleden	morgen	volgende week
2.	bruiner	zwarter	langer	witter
3.	flat	vrijstaand huis	3-kamerwoning	logeerkamer
4.	sporthal	woonkamer	badkamer	keuken
5.	lopen	zitten	gaan	wandelen

8 Starke und schwache Verben

Unterstreichen Sie alle Verben in den Texten auf S. 98 Ihres Lehrbuchs. Tragen Sie anschließend den Infinitiv in die richtige Spalte ein (s. Lektion 6, S. 48f).

starke Verben	schwache Verben
....	....
....	....
....	....
....	....
....	....

9 Übersetzen Sie die folgenden Sätze ins Niederländische.

1. Unser Haus hat vier Zimmer, Küche, Bad und Toilette.

2. Hör bitte auf, ich habe es sehr eilig!

3. Ich bin gerade dabei, meinen Freunden zu helfen.

4. Was hast du morgen vor?

5. Wir werden dort Freunde besuchen.

6. Paul geht heute Abend mit seiner Mutter essen.

7. Bis nächste Woche dann – und viel Spaß in Antwerpen!

10 Hörverstehen 55

Zwei Freunde führen ein Telefongespräch. Hören Sie zu und kreuzen Sie die richtige Lösung an.

1. Jos is aan het
   a) tuinieren. b) koffers pakken. c) koken.

2. Hij doet dat omdat
   a) zijn vrouw jarig is. b) hij er zin in heeft. c) hij alleen moet eten.

3. Nellie is vanavond aan het
   a) dansen. b) werken. c) leren.

4. Dave gaat vanavond
   a) op tijd naar bed. b) naar het theater. c) naar de bioscoop.

5. Tijdens het weekend zijn ze op bezoek bij
   a) haar ouders. b) haar broer. c) haar zus.

6. Als Jos tijd heeft
   a) gaat hij Dave opbellen. b) gaat hij uit eten. c) gaat hij de krant lezen.

11 Das machen wir nächstes Wochenende!

Ein Freund/eine Freundin besucht Sie am kommenden Wochenende. Schreiben Sie ihm/ihr einen Brief über Ihre Pläne fürs Wochenende. Verwenden Sie dabei, wo angebracht, die Konstruktion *gaan* + Infinitiv.

TIPP LERNEN

Leseverstehen

Wie beim Hörverstehen werden Sie in einem unbekannten Text nicht alles auf Anhieb verstehen. Abbildungen, Überschriften, Fragen zum Text oder andere Übungen können vorab einen Einblick in den Inhalt des Textes geben.

12 Leseverstehen

Im Artikel auf der nächsten Seite über Wohnungsbau in den Niederlanden (aus der Zeitschrift *Elsevier*) wurde die Situation auf dem Wohnungsmarkt beschrieben.

a. Bevor Sie mit dem Artikel beginnen, lesen Sie die untenstehenden Begriffe, um sich ein Bild vom Inhalt des Textes zu machen.

b. Nachdem Sie den Artikel gelesen haben, tragen Sie (möglichst ohne Wörterbuch) die niederländischen Entsprechungen der untenstehenden Begriffe aus dem Text ein.

c Schlagen Sie nach einer *zweiten* Lektüre nur diejenigen Wörter nach, die wichtig fürs globale Verstehen sind.

1.	Wunschliste	de wensenlijst, het wensenlijstje
2.	Wohnungssuchende	....
3.	Vorliebe	....
4.	altmodischer Bauernhof	....
5.	Rietdach	....
6.	Sprossenfenster	....
7.	Untersuchung, Studie	....
8.	Vordertür, Haustür	....
9.	Platz	....
10.	geräumig	....
11.	Erdgeschoss	....
12.	Decke	....
13.	klafft eine Lücke	....
14.	verfügbar, vorhanden	....
15.	Mietwohnung, Mietshaus	....
16.	Einfamilienhaus	....
17.	eine Bleibe	....
18.	ein Mangel an	....
19.	Andrang	....
20.	Immobiliengeschäft, Maklerbüro	....

Op wensenlijstjes van woningzoekenden staan voorkeuren die doen denken aan een ouderwetse boerderij. De ideale woning is volgens hen een twee-onder-één-kap-huis, heeft een rieten dak, kruisramen en een garage, zo blijkt uit een onderzoek dat de Erasmus Universiteit uitvoerde in opdracht van Bouwfonds Nederlandse Gemeenten.

Woonwensen houden niet op bij de voordeur. Ook wat betreft de indeling van het huis hebben kopers hun voorkeuren klaar. Ruimte is het belangrijkste begrip dat op hun wensenlijstjes terugkomt: een ruim huis, een grote woonkamer, een aanzienlijke tuin en een flinke slaapkamer. Een afgesloten keuken, een extra kamer op de begane grond en – als mogelijk – een verhoogd plafond in de woonkamer, staan eveneens op de voorkeurslijst.

Tussen wens en werkelijkheid gaapt vaak een financieel gat. Maar ook voor mensen die over voldoende kapitaal beschikken, is het ideale huis moeilijk te krijgen. Gewoon omdat het droomhuis niet te koop staat. En wanneer een mooie woning beschikbaar is, moeten huizenkopers er op tijd zijn. Veel huishoudens die momenteel in een duur huurhuis of een goedkope eengezinswoning zitten, willen graag verhuizen naar een nieuw optrekje (bijvoorbeeld een groter rijtjeshuis of een tweekapper). Deze stap vooruit in hun wooncarrière is geblokkeerd, omdat er een tekort aan woningen bestaat in de zogenoemde middenklasse – dat zijn huizen in de prijscategorie 125 duizend tot 200 euro. Als er al zo'n woning in de aanbieding is, ontstaat er een ware run op het verkopende makelaarskantoor.

Tel: 033-8765490
Veluwe. Rustieke bovenwoning in bosrijke omgeving. Prijs op aanvraag. Tel: 02399-5644
TE KOOP
EEN HUIS ZOEKEN KOST AL ENERGIE GENOEG
GELUKKIG KUNT U OOK ENERGIE BESPAREN. MET VLOERISOLATIE, DAKISOLATIE, SPOUWMUURISOLATIE, DUBBELE BEGLAZING, EEN HOOGRENDEMENTSKETEL EN ENERGIEZUINIGE APPARATEN.
Het Energiebedrijf

Wij woonden in een gezellig huisje

Erläuterungen

Das Imperfekt (het imperfectum)

Das Imperfekt bezeichnet eine Situation oder Handlung in der Vergangenheit. Anders als im Deutschen ist der Unterschied zwischen Imperfekt und Perfekt kein rein stilistischer. Das **Imperfekt stellt die Dauer einer Handlung oder Situation in den Vordergrund** (*Wij woonden in een gezellig huisje.*). Es wird auch verwendet, um eine immer **wiederkehrende Handlung oder Situation** in der Vergangenheit (*Ik speelde altijd op mijn kamer.*), kurz **aufeinander folgende Handlungen** (*Ik stond op, ging douchen en kleedde me aan.*) oder eine **Beschreibung** einer Handlung oder Situation – vor allem im Rahmen einer Erzählung – (*Een vriendin die naast ons woonde, kwam na school naar mij toe en we luisterden naar muziek of we …*) darzustellen.

Bildung

Ähnlich wie bei der Bildung des Perfekts teilt man auch hier die Verben in zwei Gruppen ein: in schwache (regelmäßige) und starke (unregelmäßige) Verben.

1. schwache (regelmäßige) Verben

Das Imperfekt der schwachen Verben wird durch das Anhängen der Endung ***-de(n)*** oder ***-te(n)*** an den Stamm gebildet. Wenn die Endung des Stammes auf die stimmlosen Konsonanten ***-t, -k, -f, -s, -ch,*** oder ***-p*** auslautet, erhält das Verb die Endung ***-te(n)*** (s. S. 48):

Infinitiv	Stamm	**Imperfekt**
maken	*maak*	*maak**te(n)***
stappen	*stap*	*stap**te(n)***
fietsen	*fiets*	*fiets**te(n)***

In allen anderen Fällen erhält das Verb die Endung ***-de(n)***:

Infinitiv	Stamm	**Imperfekt**
spelen	*speel*	*speel**de(n)***
horen	*hoor*	*hoor**de(n)***
wonen	*woon*	*woon**de(n)***

Besonderheiten

- Die Imperfektendung ***-te(n)/-de(n)*** bleibt auch dann unverändert bestehen, wenn der Stamm auf ***-t*** oder ***-d*** auslautet:

wachten	*wacht*	*wacht**te(n)***
verspreiden	*verspreid*	*verspreid**de(n)***

- Verben mit Konsonantenwechsel (***z/s*** und ***v/f***) erhalten als Imperfekt-Endung ***-de(n)***:

reizen	*reis*	*reis**de(n)***
durven	*durf*	*durf**de(n)***

Les 12

2. starke (unregelmäßige) Verben

Wie bereits in Lektion 6 erwähnt, verändern die starken Verben sowohl beim Partizip Perfekt als auch im Imperfekt den Stammvokal (Ablaut). Die drei Personen des Singulars bleiben ohne Endung, während die Pluralformen die Endung ***-en*** erhalten:

Infinitiv	**Imperfekt**	Partizip Perfekt
rijden	***reed/reden***	*gereden*
schrijven	***schreef/schreven***	*geschreven*
drinken	***dronk/dronken***	*gedronken*
slapen	***sliep/sliepen***	*geslapen*

Achten Sie besonders auf folgende Verben:

doen	***deed/deden***	*gedaan*
komen	***kwam/kwamen***	*gekomen*
zien	***zag/zagen***	*gezien*

hebben, zijn und die Hilfsverben

hebben	***had/hadden***	*gehad*
zijn	***was/waren***	*geweest*
zullen	***zou/zouden***	—
kunnen	***kon/konden***	*gekund*
mogen	***mocht/mochten***	*gemogen*
willen	***wilde/wou/wilden/wouden***	*gewild*
moeten	***moest/moesten***	*gemoeten*
worden	***werd/werden***	*geworden*

Siehe Liste der starken Verben auf Seite 182.

Anwendung: Imperfekt oder Perfekt?

Um deutlich zu machen, wann man im Niederländischen das Imperfekt verwendet, stellt man es am besten dem Perfekt gegenüber. Hier einige Hauptunterschiede:

1. Das **Perfekt** beschreibt ein **punktuelles Geschehen**. Das **Imperfekt** stellt die **Dauer einer Handlung** oder Situation in den Vordergrund, beschreibt eine **wiederholte**, **gewohnheitsmäßige Handlung** oder **kurz aufeinander folgende Handlungen.**

Perfekt	**Imperfekt**
Ik ***ben*** *in 1962* ***geboren.***	*Wij* ***woonden*** *elf jaar in Almelo.*
Wij ***zijn*** *in 1973* ***verhuisd.***	*Toen* ***ging*** *ik naar school in Kampen.*
	Wij ***verhuisden***, ***gingen*** *naar een nieuwe school en* ***zagen*** *onze vrienden niet meer.*

Weil das Imperfekt die Dauer eines Zustands betont, stehen die modalen Hilfsverben häufiger in dieser Zeitform als im Perfekt:

Ik ***mocht*** *niet op mijn kamer eten.*
We ***wilden*** *verhuizen.*
Ik ***kon*** *goed schaatsen.*

Die Konstruktion *aan het* + Infinitiv, die Sie in der letzten Lektion gelernt haben, wird auch im Imperfekt gebraucht und stellt den Verlauf der Handlung noch deutlicher in den Vordergrund:

Toen ik belde ***was*** *ze koffers aan het pakken.*

2. Beim **Perfekt** wird der **Zeitpunkt der Handlung nicht immer** festgelegt. Das **Imperfekt** legt den **Zeitpunkt** fest.

Perfekt	**Imperfekt**
*Ze **heeft** al **geslapen.*** (irgendwann)	*Zij **sliep** al. (... toen ik naar huis kwam.)*

3. Das **Perfekt** deutet an, dass die Handlung eine **Auswirkung auf die Gegenwart** hat. Das **Imperfekt** deutet keinen Bezug zur Gegenwart an.

Perfekt	**Imperfekt**
*Ze **heeft** al **geslapen.*** (Sie ist also ausgeruht.)	*Zij **sliep** al. (... toen ik naar huis kwam.)*

Vor allem bei Verben, die eine Dauerhandlung implizieren (*wonen, werken* usw.), ist der Unterschied nicht immer so deutlich, wie in den obigen Beispielsätzen.

Les 12

Die Konjunktion *toen* mit Imperfekt

Diese Konjunktion entspricht dem deutschen *als* und weist wie im Deutschen auf einen Zeitpunkt in der Vergangenheit hin. **Nach** der Konjunktion ***toen*** folgt das **Imperfekt.**

Toen ik nog klein was, woonde mijn oma bij ons.
Toen we in Den Haag woonden, was ik vaak aan het strand.

er als vorläufiges Subjekt

Das Adverb *er* kann ein nicht genauer definiertes Subjekt in einem Satz vorwegnehmen.

***Er** stond **een bureau** in mijn kamer.*
***Er** waren **veel mensen** op het feest.*

Aber nicht bei näher definierten Substantiven:

***Het Biedermeier bureau van mijn opa** stond in mijn kamer.*
***Veel van onze buren** waren op het feest.*

Het weer
'Nederlanders praten vaak over het weer. Veel gesprekken beginnen daarmee: 'Lekker weer, hè?' Of: 'Tjonge, tjonge het wil niet beter worden.' Als u met een onbekende een praatje wilt maken en u zoekt een onderwerp: begin over het weer. Dat is altijd goed.'
Aus *Doe maar gewoon* von Hans Kaldenbach

1 Was stimmt hier nicht?

Die Familie De Langen zieht in ein neues Haus ein. Die Möbelpacker haben aber die Möbel in die falschen Zimmer gestellt. Berichtigen Sie.

De bank moet uit de werkkamer en naar de ...

....

....

....

....

2 Ergänzen Sie die Formen des Imperfekts.

Imperfekt

1. drinken — Wij .... een kopje koffie.
2. maken — Vroeger .... we elke zondag een fietstocht.
3. schrijven — Ik .... een brief aan mijn vriendin toen ze belde.
4. wonen — Vorig jaar .... wij nog in Haarlem.
5. slapen — Dit is de kamer waarin ik altijd ....
6. staan — Op het bord ....: verboden toegang!
7. luisteren — We .... graag naar de verhalen van mijn grootvader.
8. zijn — Op Texel .... het deze zomer erg warm.

Imperfekt

Unterstreichen Sie die Wörter, die das **Imperfekt** erforderlich machen.

3 Setzen Sie die Sätze ins Imperfekt.

1. Jullie komen altijd te laat.
2. Ik zie haar niet.
3. De kinderen wachten elke morgen op de bus.
4. We rijden vaak naar Groningen.
5. Ik heb een cursus Nederlands.
6. Kun je echt niet komen?
7. Hij wil graag gaan dansen maar hij mag niet.
8. Moet je verhuizen?

4 Bilden Sie aus den Satzbruchstücken vollständige Sätze im Imperfekt.

Imperfekt

1. wij - logeren - vaak - mijn grootouders - Hilversum
2. vroeger - spelen - ik - vaak - mijn broer
3. opa - zitten - 's avonds -altijd - leunstoel
4. willen - je - niet - meegaan - bioscoop?
5. gisteren - moeten - hij - op de kinderen - passen
6. wij - schrijven - brief - onze grootouders
7. 's avonds - gaan - jullie - nooit - op tijd - bed

Imperfekt

5 Lesen Sie den folgenden Text. Eine Frau erzählt vom Alltagschaos.

'Douchen doe ik morgen wel'

Ik lig zoals gewoon in bed tot mijn man lief, maar dringend, komt vertellen dat het tijd is om naar mijn werk te gaan. Ik grom dat hij de kinderen uit mijn buurt moet houden en mopper waar mijn thee blijft. Binnen vijf minuten ben ik aangekleed. Ik geef mijn kinderen en mijn man een zoen, hij wenst me een prettige dag en ik vraag of hij vandaag nog even het wasje wil draaien, en ik sta buiten.

Ik rijd nog steeds een minstens tien jaar oude auto met een eigen 'karakter'. Eenmaal aangekomen bij het bedrijfje waar ik werk, in het centrum van Rotterdam, vervloek ik de afmetingen van mijn auto en parkeer hem half op het trottoir. Op mijn bureau ligt een briefje van mijn andere werkgever: 'Eén van de teamleiders is ziek. Kan je zaterdag ook werken?' Nou, daar zal ik eens even over nadenken.

Na een lekkere kop thee begin ik aan mijn huidige project. Aardrijkskunde in een multimediale vorm voor het basisonderwijs. Het is aantrekkelijker voor de kinderen en stimuleert ze met de stof bezig te zijn. Al snel – drie koppen thee later – komen de ideeën achter elkaar. Ik prijs me gelukkig met mijn werk: ik kan er veel in kwijt en krijg er veel voor terug (behalve een behoorlijk salaris). Ik ben blij dat ik in 1996 zo hard heb gewerkt aan zelfstudie en freelance-opdrachten.

De dag vliegt voorbij, ik werk nog een uurtje door omdat de kinderen een feestje hebben. Als ik thuis kom, eten we en spelen daarna in de huiskamer een paar spelletjes mens-erger-je-niet; en ik erger me rot. Ik stop de kinderen in bed en we kletsen eindeloos tot ik tollend van de slaap mijn bed in val – douchen doe ik morgen wel.

M. L.

a) Ordnen Sie den Begriffen ihre deutsche Entsprechung zu.

grommen	1.	d	a. ein anständiges Gehalt
mopperen	2.		b. Geographie
het wasje draaien	3.		c. quatschen
afmetingen	4.		d. brummen, knurren
aardrijkskunde	5.		e. Maße
aantrekkelijk	6.		f. die Wäsche machen
ik kan er veel in kwijt	7.		g. hundemüde
een behoorlijk salaris	8.		h. ich kann da viel loswerden
opdracht	9.		i. reizvoll
kletsen	10.		j. Auftrag
tollend van de slaap	11.		k. nörgeln, meckern

b) Erzählen Sie nun die Geschichte im Imperfekt: Ik lag ..

6 *Als oder toen?*

1. .... ze me zag, ging ze naar buiten.
2. .... de leraar niet kwam, gingen wij naar huis.
3. .... ik thee drink, eet ik er altijd een paar koekjes bij.
4. .... ik dat deed, werd hij erg boos.
5. .... het regent, blijven we thuis.
6. .... jij betaalt, ga ik graag mee.
7. .... wij nog in Roermond woonden, hadden wij een 3-kamerwoning.
8. .... de kinderen zich niet wassen, krijgen ze niets te eten.

7 Welches Wort passt nicht in die Reihe?

1.	luisterde	wiebelde	speelde	maakte
2.	kende	las	ging	stond
3.	wachtten	zouden	leerden	antwoordden
4.	stoel	bank	bed	lamp
5.	juni	januari	augustus	juli

Les 12

8 Übersetzen Sie die folgenden Sätze ins Niederländische.

1. Früher wohnte ich im Zentrum von Rotterdam.

2. Während des Winters kam ich oft zu spät zur Schule.

3. Damals hielt der Zug noch in Emmen.

4. Als ich klein war, schlief ich oft bei meiner Oma.

5. Als wir letztes Jahr in Österreich waren, regnete es die ganze Zeit.

6. Als sie ihr Töchterchen hörte, ging sie in ihr Zimmer.

7. Wenn mein Vater Urlaub hatte, las er jeden Tag die Zeitung.

9 Lesen Sie folgenden Zeitungsbericht.

Hond komt om bij redding

Twee Nederlanders en een Brit hebben hun leven te danken aan een Newfoundlander. De hond sprong samen met zijn eigenaar in het water toen de drie voor de kust van Sartène op Corsica in moeilijkheden raakten. Nadat hij al twee van hen in veiligheid had gebracht, verdween hij op zoek naar de derde in de golven en verdronk. Inmiddels gearriveerde brandweerlieden wisten de derde toerist te redden.

a) Ordnen Sie den Begriffen ihre deutsche Entsprechung zu.

iets te danken hebben aan iemand	1.		a. ertrinken
eigenaar	2.		b. verschwinden
in moeilijkheden raken	3.		c. Feuerwehrleute
iemand/iets in veiligheid brengen	4.		d. etwas tun können, in der Lage sein
verdwijnen	5.		e. Besitzer
verdrinken	6.		f. in der Zwischenzeit
inmiddels	7.		g. jemand / etwas in Sicherheit bringen
brandweerlieden	8.		h. jemandem etwas zu verdanken haben
weten iets te doen (hier: iemand redden)	9.		i. in Schwierigkeiten geraten

b) Unterstreichen Sie nun alle Verben im Imperfekt.
Warum stehen sie in diesem Fall in dieser Zeitform?

a. Weil die Dauer der Handlungen betont wird.
b. Weil es sich um kurz aufeinander folgende Handlungen im Rahmen einer Erzählung handelt.
c. Weil es sich um wiederkehrende Handlungen handelt.

10 Hörverstehen

56

Henk erzählt von seiner Kindheit.

Hören Sie zu, lesen Sie die untenstehende Zusammenfassung und hören Sie dann den Text noch einmal. Berichtigen Sie anschließend den Text.

Henk had een jongere broer die nooit met hem wilde spelen omdat hij te klein was. Maar als ze 's middags thuis waren was er niemand om mee te spelen behalve Henk. Toen vonden ze het heel leuk om met z'n tweeën in de woonkamer „kamperen" te spelen en griezelverhaaltjes te vertellen, want dat kon Henk heel goed. Alleen jammer dat zijn broer d'r altijd bang van werd. Maar als het te erg werd, was hun oma er gelukkig nog.

11 Beschreiben Sie das abgebildete Wohnzimmer.

12 Wortschatz

A-Z

a) Welche Tätigkeit verbinden Sie mit den folgenden Möbeln? Versuchen Sie mindestens ein Verb pro Möbelstück einzutragen. Falls Sie ein Verb wissen möchten, das noch nicht vorgekommen ist, können Sie Ihr Wörterbuch benutzen.

boekenkast	....	tafel	....
stoel	....	bed	....
bureau	....	vloerkleed	....
kast	....	bijzettafel	....
makkelijke stoel	....	bank	....

b) Im Lehrbuch haben Sie in Lektion 10 gesehen, wie man Wortschatz effektiver lernen kann. Versuchen Sie, die Möbel nach einem der folgenden Prinzipien zu gruppieren.

- hart / weich
- Stoff / Metall / Holz

A-2

13 Setzen Sie die folgenden Textteile in die richtige Reihenfolge.

a Feng Shui werkt met kleuren (er zijn 'opwekkende' en 'rustgevende' kleuren), licht ('iedereen is blijer als het een heldere zonnige dag is'), geluid, temperatuur en geur. De kwaliteit van materialen telt: marmer of tapijt, hout of plastic hebben een heel andere uitwerking op de sfeer in een ruimte.

b *Feng Shui en de kunst van het inrichten*

c Dat zijn principes waarvan niemand vreemd zal opkijken. Moeilijker te bevatten voor de gemiddelde westerling is het idee dat onzichtbare energie ons beïnvloedt. De Oosterse filosofie gaat er van uit dat levensenergie huist in alle materie, dood of levend. De Chinezen noemen het chi, in Japan heet het ki, in India prana.

Slaapkamerinrichting:
boven goed, onder fout.

Woonkamer:
boven goed, onder fout.

Kantoor:
boven goed, onder fout.

(Tekeningen uit R.D. Chin, *Feng Shui revealed*, Clarkson Potter /Publishers)

d *Feng Shui (spreek uit Fong sjoewei), de kunst van het inrichten, is nu ook in Nederland populair geworden. Vooral bedrijven laten zich door Feng Shui meesters adviseren. Het kost een paar centen, maar de mensen werken dan wel prettiger. Een 'mix van gezond verstand en mystiek'.*

e **Nooit met de rug naar de deur zitten**

f Verkeerde Feng Shui kan volgens de theorie op de lange duur allerlei klachten veroorzaken: Wie met de rug naar de deur zit bijvoorbeeld, krijgt vroeg of laat last van concentratiestoornissen. Maar er zijn ook middelen waardoor de chi-stromen positief kunnen beïnvloed worden: spiegels, windorgeltjes, planten of bomen, en water.

g Feng Shui (letterlijk: wind en water) is een oeroude Chinese leer die er van uit gaat dat de inrichting en vormgeving van de omgeving - of het een kamer is, een huis, bedrijf, straat, stad of land - het welzijn van de bewoners beïnvloedt. 'Dat is iets wat de meeste mensen begrijpen, omdat iedereen ervaring heeft met plekken en huizen waar het prettig, of juist heel onbehaaglijk is,' zegt een Feng Shui adviseur die bedrijven en particulieren in Nederland adviseert.

① = b ② = ③ = ④ = ⑤ = ⑥ = ⑦ =

Ik zit net te denken ...

Erläuterungen

staan/zitten/liggen/lopen + *te* + Infinitiv

Diese typische niederländische Struktur findet man im Deutschen nicht. Sie beschreibt eine Situation, in der sich der Handelnde gerade befindet. In der deutschen Übersetzung wird die Beschreibung der Körperhaltung nicht berücksichtigt.

Präsens:	*Ik **zit** net **te denken.***	Ich überlege gerade.
	*Hij **loopt** altijd zo **te zeuren.***	Er meckert immer so herum.
Imperfekt:	*Ik **zat te denken.***	Ich überlegte.
	*Hij **liep** zo **te zeuren.***	Er meckerte so herum.
Perfekt:	*Ik **heb zitten denken.***	Ich habe überlegt.
	*Hij **heeft lopen zeuren.***	Er hat so herumgemeckert.

Beim Perfekt stehen die Verben *staan/zitten/liggen/lopen* im Infinitiv, das *te* entfällt.

Nebensätze

Die Stellung der Satzglieder in Nebensätzen entspricht weitestgehend derjenigen im Deutschen: Subjekt und Prädikat werden getrennt, das Prädikat tritt ans Satzende:

*Ik ben benieuwd **of** Piet überhaupt **komt.***
*Ik geloof **dat** hij volgende week vrij **heeft.***

Les 13

Einen Sonderfall gibt es jedoch: Kommen im Nebensatz sowohl ein konjugiertes Verb als auch ein Infinitiv vor, dann steht das konjugierte Verb vor dem Infinitiv:

*Ik denk **dat** hij **zal komen.***	Ich denke, dass er <u>kommen</u> <u>wird</u>.
*Ik geloof **dat** het **gaat regenen.***	Ich glaube, dass es <u>regnen</u> <u>wird</u>.

hoeven (niet)

Hoeven (niet) (nicht brauchen, nicht müssen, nicht nötig sein) ist die verneinte Form vom Hilfsverb *moeten*:

*Die **hoef** je helemaal **niet te vragen.***	Den brauchst du erst gar nicht zu fragen.
Zullen we ergens gaan zitten?	Sollen wir uns irgendwo hinsetzen?
*– Dat **hoeft** voor mij **niet.***	– Das muss meinetwegen nicht sein.

Das Datum

Das Datum wird am häufigsten mit der Grundzahl wiedergegeben:

Ik ben op zeventien juli geboren.
We gaan op vijf mei met vakantie.

Übungen

1 Ergänzen Sie die Formen des Imperfekts.

1. kunnen — Tom .... helaas niet meekomen.
2. doen — Wat .... u toen u dat hoorde, meneer Bergers?
3. zijn/logeren — Toen wij twee jaar geleden op vakantie in Berlijn ...., ... wij bij mijn broer.
4. zijn/schrijven — Toen ik klein ...., ... ik elk jaar een brief aan Sinterklaas.
5. mogen — Ik .... niet lang opblijven van mijn ouders.
6. lezen — Vader .... voor het ontbijt altijd de krant.
7. staan — We .... zeker een kwartier in de file.
8. hebben — Ik .... geen tijd om mijn huiswerk te maken.

Imperfekt

2 Wortschatz

Ordnen Sie die Begriffe den Verben zu.

boodschappen
tijd
een afspraak
benieuwd
iets graag
vrij
zin in iets
een voorstel
trek in iets
langs
plezier
in de keuken
naar huis
leuke dingen
in de file
uitgenodigd
te weten
een dutje
op straat
honger
jarig
last

staan
....
....
....

komen
....
....
....

zijn
....
....
....
....

hebben
....
....
....
....
....
....
....
....

doen
....
....
....
....
....

3 Ergänzen Sie den folgenden Satz.

Meneer Van Vliet kan helaas niet komen omdat ...

1. ....
2. ....
3. ....
4. ....
5. ....
6. ....

4 Wie lautet die Frage?

1.	Sorry hoor, maar ik moet helaas overwerken.
2.	Ik ben op elf juni 1966 geboren.
3.	Elk jaar op vijf december.
4.	Ik speel sinds drie jaar piano.
5.	Het is lekker warm en de zon schijnt.
6..	In mijn vrije tijd luister ik graag naar muziek en ik wandel graag.
7.	Gisteren werkte ik de hele dag.
8.	Omdat ik op zakenreis was.
9.	Het spijt me, maar ik moet morgen ...

5 Was machen die abgebildeten Personen?

a) Verwenden Sie die Konstruktion *staan/zitten/liggen/lopen* + Infinitiv.

①

Hij staat iets te vragen.

②

③

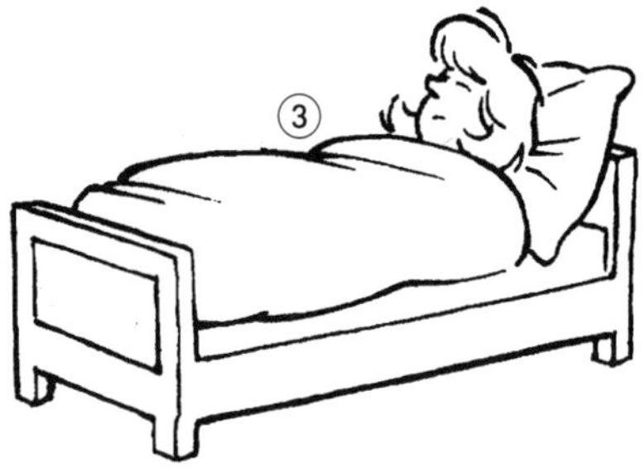

④

⑤

⑥

⑦

⑧

⑨

b) Welche Tätigkeiten in der Zeichnung in Übung 3 auf S. 90 würde man mit der Konstruktion *staan/zitten/liggen/lopen* + Infinitiv beschreiben?

6 Übersetzen Sie die folgenden Sätze ins Niederländische.

1. Ich denke gerade darüber nach, wer uns beim Umzug helfen kann.

2. Ihr braucht nicht auf mich zu warten.

3. Ich bin gespannt, ob er uns helfen wird.

4. Er schläft gerade.

5. Sie liest gerade ein interessantes Buch von Marga Minco.

6. Rob brauchen wir erst gar nicht zu fragen.

7. Wir warten schon eine halbe Stunde auf dich.

7 Schreiben Sie eine Einladung.

Sie haben in zwei Wochen Geburtstag und möchten eine Party feiern. Entwerfen Sie eine Einladung für Ihre Freunde.

Uitnodiging

Wie:

Waarom:

Wanneer:

Waar:

8 Perfekt oder Imperfekt?

Unterstreichen Sie alle Vergangenheitsformen in den folgenden Sätzen aus Zeitungsberichten. Handelt es sich um das Perfekt oder Imperfekt? Warum wurde die jeweilige Zeitform gewählt? (s. Lektion 12, S. 97-99).

Perfekt, weil ...
- a. es um eine einmalige Handlung geht.
- b. das Resultat betont wird.
- c. der Zeitpunkt unwichtig ist.

Imperfekt, weil ...
- a. es um wiederholte Handlungen geht.
- b. die Handlung betont wird.
- c. die Dauer der Handlung betont wird.

1. Wie die biografie van Visser <u>heeft gelezen</u>, kan dat goed begrijpen.	P	b, c
2. Het Oranje-team van 1974 had wel een goede mentaliteit.		
3. Philips heeft al in 1916 toestemming gekregen zich 'koninklijk' te noemen.		
4. Het aantal geregistreerde werklozen kwam in de periode november-januari gemiddeld uit op 340.000.		
5. Op 3 augustus heeft koningin Beatrix het nieuwe kabinet beëdigd.		
6. De personele samenstelling van het kabinet ging nog onverwachts moeizaam. PvdA-onderhandelaar Melkert had er moeite mee twee vrouwelijke ministers te vinden.		
7. Tussen 1990 en 1996 investeerden Nederlandse bedrijven niet meer dan 4,5 miljard euro in Aziatische markten, zo blijkt uit halfjaarlijkse rapportages van het ministerie van Economische Zaken. Dat was ongeveer 6 procent van de totale directe investeringen in het buitenland.		

9 Hörverstehen 57

Hören Sie den Dialog und kreuzen Sie an.

1. Jos is pas uit
   a) Spanje teruggekomen.
   b) Oostenrijk teruggekomen.
   c) Italië teruggekomen.

2. Hij kan niet komen helpen omdat
   a) hij geen zin heeft.
   b) hij bij Marga's ouders uitgenodigd is.
   c) hij moet werken.

3. Ruud kan niet komen helpen omdat
   a) hij in het ziekenhuis ligt.
   b) hij het erg druk heeft.
   c) hij in het weekend naar Parijs gaat.

4. Peter kan niet komen helpen omdat
   a) hij op zakenreis is.
   b) hij moet overwerken.
   c) hij al een afspraak voor het weekend gemaakt heeft.

5. Wie gaat Henk en Anneke helpen?
   a) Annekes broers Jan en Jeroen.
   b) Annekes vader.
   c) Niemand.

10 Wortschatz

a) Im Lesetext auf S. 116 (Lehrbuch) steht, dass viele Niederländer am Ostermontag einen Ausflug zum Möbelgeschäft machen. Wohin kann man sonst einen Ausflug machen? Kreuzen Sie an.

Waar kun je nog meer naartoe gaan?

kerstfeest ☐	vereniging ☐	schoolvrij ☐	toeristenseizoen ☐
speelgoed ☐	consument ☐	cadeautjes ☐	uitstapje ☐
gemeente ☐	rommelmarkt ☐	gebeurtenis ☐	vuurwerk ☐
straatfeest ☐	optocht ☐	stichting ☐	surprise ☐

b) Derselbe Text berichtet, dass Kinder sich früher das ganze Jahr auf das *Sinterklaasfeest* gefreut haben. Worauf freuen sich Kinder sonst? Schreiben Sie es auf.

Waar kijken kinderen nog meer naar uit?

....

....

....

c) Sortieren Sie nun die für Sie wichtigen Wörter in der Liste nach dem Artikel und fügen Sie die Pluralform hinzu.

de-Wörter	*het*-Wörter
....	het feest, de feesten
....	....
...	...

LERNTIPP

Leseverstehen

Machen Sie aus einem Lesetext keine Übersetzungsaufgabe. Bevor Sie zum Wörterbuch greifen, versuchen Sie Schlüsselwörter im Text auszumachen. Schlüsselwörter sind Wörter, die für das Verstehen eines Satzes bzw. des Textes von zentraler Bedeutung sind. Unterstreichen Sie solche Wörter und schlagen Sie zunächst nur diese nach.

Les 13

Lesen Sie den folgenden Text und kreuzen Sie dann die zutreffenden Behauptungen zum Text an.

Nederlands, een middelgrote taal

In de deelstaat Vlaanderen en het koninkrijk der Nederlanden spreken alles samen circa 21 miljoen mensen Nederlands. Daarmee is het de derde Germaanse taal in Europa, na het Engels en het Duits. In de Europese Unie is Nederlands een middelgrote taal.

De Britten en de Amerikanen, hoor je wel eens, worden gescheiden door dezelfde taal. Zover laten de Vlamingen en de Nederlanders het niet komen. Om ervoor te zorgen dat het Nederlands in de twee landen één blijft, werd in 1980 de Nederlandse Taalunie opgericht. Die moet ook de positie van het Nederlands in Europa verstevigen.

Alle beslissingen in verband met de Nederlandse taal worden door het Nederlandse en Vlaamse parlement gezamenlijk genomen. Vlaanderen en Nederland hanteren dus precies dezelfde officiële spelling en grammatica.

Uit een publicatie van het Ministerie van de Vlaamse Gemeenschap

1. In de tekst staat niet hoeveel Vlamingen Nederlands spreken. ☐
2. Nederlands is één van de grootste Germaanse talen in Europa. ☐
3. Er zijn veel verschillen tussen het Amerikaanse en het Britse Engels. ☐
4. Om te voorkomen dat het Nederlands in Vlaanderen en in Nederland uit elkaar groeien, hebben deze staten een commissie opgericht. ☐
5. In de tekst staat dat precies dezelfde taal in Vlaanderen en in Nederland wordt gesproken. ☐
6. De eenheid van de Nederlandse taal is ook een belang van de politiek. ☐

Nederlandse Taalunie
Lange Voorhout 19
Postbus 10595
2501 HN DEN HAAG

Telefon: 070 - 3 46 59 48
Telefax: 070 - 3 65 98 18
http://www.taalunie.nl

Heeft u een dagschotel?

Erläuterungen

Das Relativpronomen

Wie im Deutschen leitet auch im Niederländischen ein Relativpronomen einen Nebensatz ein, wobei das Verb am Satzende steht. Es verweist auf ein Substantiv, das bereits im Satz genannt wurde. Die am häufigsten vorkommenden Relativpronomen sind ***die*** und ***dat***.

Die wird verwendet, wenn das Bezugswort ein „***de*-Wort**" ist oder wenn es im Plural steht:

Dat is toch de wijn ***die*** *we de laatste keer ook hadden.*
De recepten ***die*** *je nodig hebt, liggen op tafel.*

Dat wird verwendet, wenn das Bezugswort ein „***het*-Wort**" ist:

Dat is toch het toetje ***dat*** *je altijd neemt.*
Het gerecht ***dat*** *je besteld hebt, is heel lekker.*

(Es steht kein Komma vor dem Relativpronomen; am Ende des Relativsatzes, wenn der Satz nicht zu Ende ist, steht ein Komma.)

- **Mit Präpositionen: *wie* und *waar***

Wenn auf **Personen** Bezug genommen wird, verwendet man in Verbindung mit einer Präposition das Relativpronomen ***wie***:

De vrouw ***met wie*** *hij praatte, is zijn zus.*
Dat is de man ***van wie*** *we ons huis hebben gekocht.*

Wird auf eine **Sache** Bezug genommen, dann verwendet man ***waar*** **+ Präposition**:

Het huis ***waarin*** *ik nu woon, is al heel oud.*
De muziek ***waarvan*** *ik erg veel houd, is tegenwoordig niet populair.*

Vor allem in der gesprochenen Sprache werden *waar* und die dazu gehörende Präposition voneinander getrennt:

Het huis ***waar*** *ik nu* ***in*** *woon, is al heel oud.*
De muziek ***waar*** *ik erg veel* ***van*** *houd, is tegenwoordig niet populair.*

In Kombination mit *waar* verändern sich *met* in *mee* sowie *tot* in *toe*:

De auto ***waarmee*** *ik naar Rome ben gereden, is nu kapot.*
Het werk ***waar*** *ik nog steeds niet* ***toe*** *ben gekomen, moet nu wel gedaan worden.*

- ***Wat***

Das Relativpronomen *wat* weist auf ein nicht näher bestimmtes Bezugswort (z. B.: *iets/niets*) oder auch auf einen ganzen Satz hin:

Ik wil iets ***wat*** *we nooit thuis koken.*
We gaan vanavond uit eten, ***wat*** *ik heel leuk vind.* (Achtung: Komma nach einem Haupsatz!)

Met z'n tweeën

Will man im Niederländischen andeuten, mit wie vielen anderen Personen man etwas unternimmt, dann verwendet man die Konstruktion *met* + *z'n* + Zahl + *-en*.

Les 14

Übungen

1 Wortschatz

Folgende Wörter finden Sie auf einer Speisekarte beim Essen in den Niederlanden oder in Flandern. Zu welcher Lebensmittelgruppe gehören sie? Ordnen Sie zu.

geitenkaas
selderij
paté
konijn
mosterd
garnalen
biefstuk
basilicum
boter
zalm
peterselie
forel
poelet
ui
lam
bonen
kapucijners
kerrie
kreeft
spinazie
peper
maïs
aardappels
room
tonijn
knoflook
varkenshaas
rozemarijn

2 Setzen Sie das passende Relativpronomen ein.

a) 1. De auto .... daar staat, is van meneer Boeijen.

2. Het boek .... op tafel ligt, is heel spannend.

3. De shirts .... daar liggen, zijn te klein voor mij.

4. De dominee .... ons vorig jaar trouwde, is gisteren gestorven.

5. Dit is de broek .... ik eergisteren gekocht heb.

b) 1. De man .... ik heel erg houd, woont in Arnhem.

2. De vrouw .... Henk gaat fietsen, is zijn zus.

3. De leerling .... gesproken werd, wist er niets van.

4. Mijn broer Stefan .... ik gisteren in de bioscoop was, is nu 46 jaar.

5. Dit zijn onze buren .... we al vaak samen op vakantie waren.

c) 1. De kerk .... ik je vertelde, is de oudste die ik ken.

2. Daar staat het vliegtuig .... we naar New York zijn gevlogen.

3. Dat zijn de fietsen .... we gisteren op pad waren.

4. Mijn dochter heeft een klein blauw kistje .... zich haar mooiste ringen bevinden.

5. Is dat niet de straat .... we vanmorgen naar het strand gelopen zijn?

3 Bilden Sie Relativsätze.

Bilden Sie aus den beiden vorgegebenen Sätzen einen Satz und ersetzen Sie die unterstrichenen Wörter durch ein Relativpronomen.

Beispiel: *Ineke heeft een broer. Haar broer heet Nico.*
Ineke heeft een broer die Nico heet.

Les 14

1. Jan en Piet stappen in het vliegtuig. Het vliegtuig staat op het vliegveld.

2. Meneer van den Bos stapt uit de bus. Met deze bus is hij naar Den Helder gereden.

3. Ik heb een kleine zoon. Mijn zoon heet Jan-Willem.

4. Maastricht is een belangrijke stad. Deze stad ligt in Limburg.

5. De familie van Dijk logeert in een oud hotel. Het hotel ligt aan de Prinsengracht.

6. Dit is mijn vriend Albert. Met hem heb ik gisteren de hele avond gedanst.

7. Meneer van Vliet zoekt zijn koffer. In deze koffer bevinden zich belangrijke papieren.

4 Wortschatz

Welche Adjektive passen zu welchen Substantiven? Mehrfachnennungen sind möglich.

~~vet~~	nieuw	druk	goedkoop	vriendelijk	groot
snel	koud	lekker	uitgebreid	buitenlands	mooi
vers	modern	donker	slecht	Italiaans	gezellig
net	bekend	rustig	duur	zwaar	beleefd

vet .... / .... / .... / .... — eten

.... / .... / .... / .... — restaurant

.... / .... / .... / .... — serveerster/ober

5 Wie lautet die Frage?

1. .... Rob en Kees praten over het weer.
2. .... Ik zeg dat omdat ik het heel belangrijk vind.
3. .... Ik heb zin in een kopje koffie.
4. .... Johan houdt heel erg van klassieke muziek.
5. .... Ja, we nemen de varkenshaas met aardappels en gemengde groenten.
6. .... Ja, we hebben een Bordeaux als huiswijn; die is prima.

6 Übersetzen Sie die folgenden Sätze ins Niederländische.

1. Ich hätte gern einen Kaffee.
2. Können wir die Karte noch einmal haben?
3. Das ist doch der Wein, den du immer trinkst.
4. Ist das nicht das Gericht, von dem du mir erzählt hast?
5. Willst du lieber in das Restaurant, in dem wir bereits gestern gegessen haben?
6. Wir sind zu viert.
7. Können Sie uns einen Nachtisch empfehlen?

7 Was haben diese Personen heute bestellt?

8 Perfekt oder Imperfekt?

Unterstreichen Sie alle Vergangenheitsformen in den folgenden Sätzen aus Zeitungsberichten. Handelt es sich um das Perfekt oder Imperfekt? Warum wurde die jeweilige Zeitform gewählt?

Perfekt, weil ...
- a. es um eine einmalige Handlung geht.
- b. das Resultat betont wird.
- c. der Zeitpunkt unwichtig ist.

Imperfekt, weil ...
- a. es um wiederholte Handlungen geht.
- b. die Handlung betont wird.
- c. die Dauer der Handlung betont wird.

Les 14

1. In juli vorig jaar begon Hasselt, de hoofdstad van Belgisch Limburg, een experiment met gratis openbaar vervoer. Het aantal passagiers is verachtvoudigd.	I	b
2. De Duitse regering heeft op 16 september het Europees Handvest voor Regionale en Minderheidstalen geratificeerd.		
3. (uit een bericht van 22 september:) Enkele grote winkelketens zijn, tot ongenoegen van sommige consumenten, al met de Sinterklaasverkoop begonnen.		
4. 'Ik wist niet wat ik mijn kinderen moest vertellen, toen ze al die snoep in de winkel zagen.'		
5. Een auto, 17.000 fietswrakken, tientallen winkelwagens, enkele kluizen en een kachel, in totaal zo'n 80.000 kilo afval: dat was de opbrengst van een middag duiken in de grachten van Leiden.		
6. Een 65-jarige Nederlander heeft een hartaanval gehad een half uur na het slikken van zijn eerste Viagra-pil.		
7. Twee dagen debatteerde de Tweede Kamer over de Troonrede van koningin Beatrix.		

9 Hörverstehen 58

Sie hören ein Gespräch zwischen zwei Personen in einem Restaurant. Tragen Sie in die Tabelle die jeweiligen Speisen und Getränke ein.

	Voorgerecht	Hoofdgerecht	Nagerecht	Drank
Tessa				
Klaas				

10 Leseverstehen

Auf der Speisekarte auf Seite 120 (Lehrbuch) steht *„Betalen op maat: vanaf € 10,- chippen, vanaf € 15,- pinnen, vanaf € 20,- credit cards"*. Aber was bedeutet *chippen en pinnen*? Lesen Sie den Werbetext auf der nächsten Seite und ordnen Sie danach folgenden Begriffen eine Erklärung zu (a).

a)

Chipknip	1.		a.	betalen met een PINpas
chippen	2.		b.	intoetsen
pinnen	3.		c.	een chip die op een PINpas zit
PINpas	4.		d.	betalen met een PINpas met Chipknip
oplaadpunt	5.		e.	een klein kaartje dat je van de bank krijgt
intikken	6.		f.	een automaat waar je geld van je bank op je PINpas kunt overboeken.

b) Waar of niet waar?

	waar	niet waar
1. Men kan met één pas pinnen en chippen.	X	
2. Als je chipt heb je geen wisselgeld nodig.		
3. Pinnen en chippen zijn allebei elektronische manieren van betalen.		
4. Als je chipt moet je je PINcode aangeven.		
5. Er zijn twee mogelijkheden om te zien hoeveel geld je op je Chipknip hebt.		
6. Als je pint wordt het geld van je bankrekening gehaald.		
7. Chippen doe je alleen maar in restaurants.		

c) In de tekst staat dat de Chipknip een soort portemonnee is: 'Geen gedoe meer met wisselgeld! Met de PINpas met Chipknip heeft u altijd gepast geld bij de hand'. Ziet u ook een nadeel bij de Chipknip vergeleken met pinnen?

Hoe vaak wordt u niet gevraagd: 'Heeft u er misschien nog een dubbeltje bij' of: 'Heeft u het niet kleiner?'

Wat is chippen?

De Chipknip is het betaalmiddel voor kleinere bedragen. Chippen is net als pinnen een elektronische manier van betalen, maar dan met behulp van een chip.

Het verschil met pinnen

Op die chip kunt u geld laden. Daarmee is het eigenlijk een soort portemonnee. Dat is ook het verschil met pinnen. Als u wilt pinnen wordt verbinding gelegd met de bank en wordt het te betalen bedrag rechtstreeks van uw rekening gehaald. De Chipknip wordt door u van tevoren met geld geladen. Het geld zit dus al opgeslagen in de chipknip. Bij het betalen wordt het bedrag dan van de Chipknip afgehaald.

Waarmee?

De Chipknip zit op uw PINpas, dus u krijgt er geen aparte pas bij. U kunt met één pas zowel pinnen als chippen.

Hoe opladen?

U toetst een PINcode in, dezelfde als die voor het pinnen. Het gewenste bedrag (een bedrag tussen 10 en 250 euro) wordt dan van uw bankrekening overgeboekt naar de Chipknip op uw PINpas. Bij de oplaadpunten kunt u zien hoeveel geld er op uw Chipknip staat.

Les 14

Hoe chippen?

Betalen, 'chippen' genaamd, gaat net zo eenvoudig als opladen. U stopt de PINpas met Chipknip in de betaalautomaat. Het aankoopbedrag wordt voor u ingetikt. Als u het bedrag heeft gecontroleerd, is op de 'JA'-toets drukken voldoende. Een PINcode intoetsen is niet nodig. Ook bij de betaalautomaten kunt u zien hoeveel geld er nog op uw Chipknip staat.

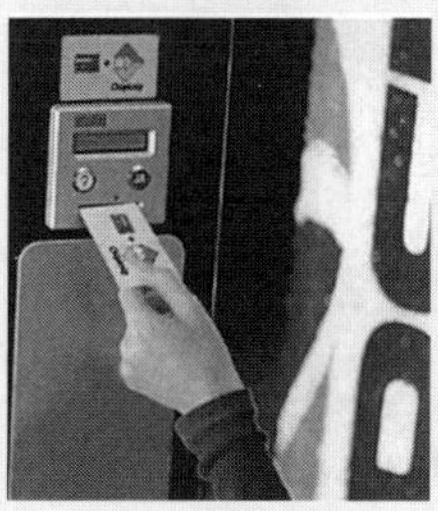

Waar kan men chippen?

Met de Chipknip kunt u betalen bij de winkel om de hoek, in supermarkten en warenhuizen, op het terras en bij benzinestations. Met de Chipknip kunt u ook terecht in parkeerautomaten en bijvoorbeeld snoep-, koffie-, sigaretten en frisdrankautomaten. En ook in telefooncellen, in taxi's en in bus en trein.

Kan ik u helpen?

Erläuterungen

Der Superlativ

Der Superlativ wird verwendet, wenn zwei oder mehr unterschiedliche Personen oder Sachen miteinander verglichen werden. Beachten Sie auch Lektion 11 zum Komparativ.

▷ Generell wird der Superlativ durch das Anfügen der Endung ***-st*** an ein Adjektiv gebildet.

mooi	*mooier*	*mooi**st***
groot	*groter*	*groot**st***
oud	*ouder*	*oud**st***

Wie beim Komparativ haben einige Adjektive auch beim Superlativ **unregelmäßige Formen**:

goed	*beter*	***best***
veel	*meer*	***meest***
weinig	*minder*	***minst***
graag	*liever*	***liefst***

Gebrauch des Superlativs

- Beim attributiven Gebrauch des Superlativs erhält das Adjektiv immer die Endung ***-e***:

  *de moois**te** stad*
  *het bekends**te** museum*
  *de bes**te** winkelstraten*

- Bei Adjektiven, die aus drei oder mehr Silben bestehen, kann anstelle des Superlativs auch die Konstruktion ***de/het meest + Adjektiv*** stehen:

  *Amsterdam is één van **de meest romantische** steden van Europa.*

- Beim prädikativen Gebrauch des Superlativs bleibt das Adjektiv unverändert. In der Umgangssprache hört man oft allerdings ein Endungs-*e*. Dem Adjektiv geht dabei immer das Wort *het* voran. Im Deutschen wird es übersetzt mit „am“.

  *Dit museum is **het bekendst**.*
  *Deze winkelstraat is **het best**.*

- Der Superlativ wird oftmals alleinstehend gebraucht. In diesem Fall erhält das Adjektiv immer die Endung ***-e***.

  *Het Rijksmuseum is één van **de bekendste** in Europa.*
  *Deze winkelstraat is **de beste** in Amsterdam.*

iets/niets + Adjektiv

Die unbestimmten Zahlwörter *iets* und *niets* können, ähnlich wie im Deutschen bei „etwas“ und „nichts“, mit einem Adjektiv kombiniert werden. Diesem substantivierten Adjektiv wird ein ***-s*** angehängt:

*Voor het feest heb je **iets goeds** nodig.*
*Ik wil **niets/niks elegants**.*

Voeding slokt steeds minder op

Naarmate de welvaart groeide gingen we naar verhouding minder uitgeven aan voeding en kleding. Een steeds groter deel van onze uigaven gaat naar huisvesting, recreatie en ontwinkkeling: we gingen groter wonen, vaker meet vakantie en langer naar school.

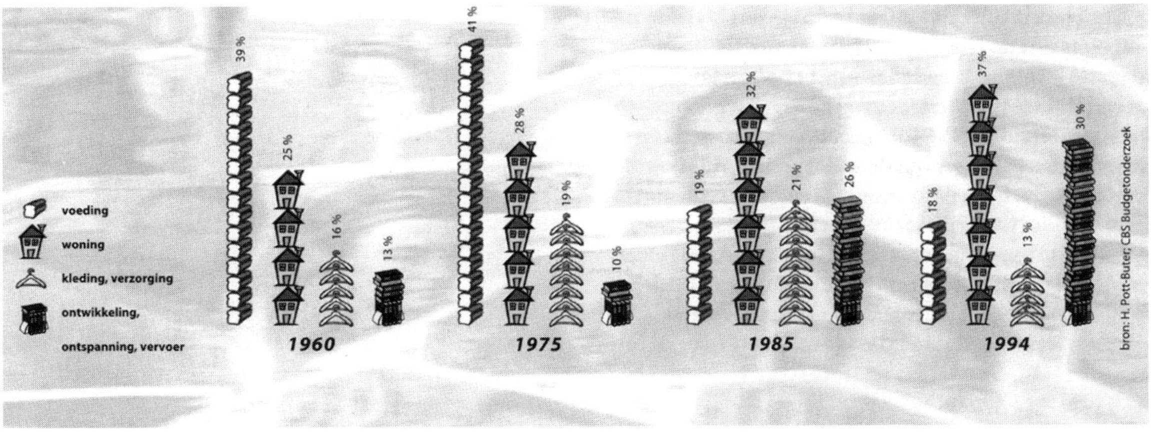

Einsprachiges Wörterbuch

Benutzen Sie ein einsprachiges Wörterbuch, wenn Sie Wörter, die Sie nicht verstehen, nachschlagen möchten. Sie können Ihre Niederländischkenntnisse dadurch weiter ausbauen, da die Erklärungen meist einfach formuliert sind. Sehen Sie folgenden Auszug aus einem einsprachigen Lernwörterbuch.

Infinitiv-, Imperfekt- und Perfektformen bei Verben

kle·den (kleedde, heeft gekleed) *iemand kleden*: iemand kleren aandoen ⇒ *aankleden* ◆ ***kleed** je een beetje netjes!; de dokter was **gekleed** in een witte jas*: hij had een witte jas aan.

kle·der·dracht (de ~; -en) kleren die typerend zijn voor mensen in een bepaalde streek of een bepaald land ◆ *klompen horen bij de Nederlandse **klederdracht**.*

kle·dij (de ~(v.)) (deftig) kleding.

kle·ding (de ~(v.)) kleren.

kle·ding·stuk (het ~; -ken) iets dat je kunt aantrekken ◆ *hemden, broeken en rokken zijn **kledingstukken**.*

Beispielsätze

Artikel und Mehrzahl bei Substantiven

Beispiele

Übungen

Adjektive

1 Bilden Sie die Steigerungsformen der Adjektive.

Beisp.: oud - ouder - het oudst

1. smal ....
2. druk ....
3. weinig ....
4. dik ....
5. origineel ....
6. bekend ....
7. leuk ....
8. mooi ....

2 Ergänzen Sie die Sätze mit der richtigen Form der folgenden Adjektive.

bekend · beroemd · goed · groot · hoog · lekker · gek

1. Schiphol is een van de .... luchthavens in Europa.
2. „Spoorloos" was al goed maar „Karakter" was de .... film van het festival.
3. Ik geloof dat Rembrandt de .... schilder van Nederland is.
4. Een pannenkoek met ham en kaas vind ik ....
5. De Mount Everest is de .... berg op aarde.
6. Vele mensen geloven dat Nederland de .... voetbal supporters heeft.
7. Van de Nederlandse voetballers is Ruud Gullit nog steeds de ....

3 Komparativ oder Superlativ?

Ergänzen Sie die Sätze mit der richtigen Form der angegebenen Adjektive.

1.	duur	Deze auto is .... dan die.
2.	klein	Jan is klein, Bep is ...., maar Mike is ....
3.	romantisch	„Titanic" is een van de .... films die ik ken.
4.	leuk	Dat was het .... idee waarvan ik ooit heb gehoord.
5.	heet	Deze zomer was .... dan de laatste.
6.	oud	Dit is mijn .... dochter, Marijke.
7.	veel	Dat is .... dan genoeg.

4 Tragen Sie den passenden Begriff ein.

broek met rechte pijpen · colbert van wol · trui
hoge schoen · sjaal · wollen vest met blokjesmotief · pump · lange rok
schoenen · getailleerde blouse · shirt · dons jack · spijkerbroek

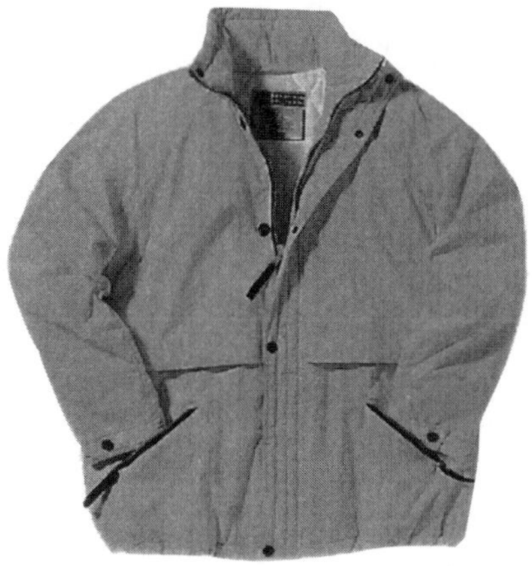

② ....

③ ....

① ....

.... ⑥

⑦ ....

④ ....

⑤ ....

⑨ ....

⑩ ....

⑫ ....

⑧ ....

⑪ ....

.... ⑬

Les 15

5 Redewendungen beim Einkauf.

Eine Frau kauft in einem Kaufhaus ein. Bringen Sie die folgenden Sätze in die richtige Reihenfolge, indem Sie die Ziffern 1-9 in die Kästchen schreiben.

- [ ] Tweeënveertig vindt u hier. Naar welke kleur zoekt u?
- [ ] – Ja, ik ben op zoek naar een winterjas.
- [1] Kan ik u helpen, mevrouw?
- [ ] – Donker moet hij zijn. Donkerblauw of zwart, denk ik.
- [ ] – Mag ik deze passen? Die lijkt me wel elegant.
- [ ] – Tweeënveertig.
- [ ] Natuurlijk, mevrouw. Een spiegel vindt u in de hoek.
- [ ] Welke maat heeft u?
- [ ] Deze zijn allemaal donker.

6 Bilden Sie aus den Satzbruchstücken vollständige Sätze.

1. Amsterdam - zijn - een van - mooi - romantisch - steden - Europa

2. Veel mensen - leven - woonboten - grachten

3. Beroemd - schilderij - Rembrandt - zijn - „De Nachtwacht"

4. Gisteren - hebben - ik - nieuwe jas - kopen

5. Kunnen - ik - contant - betalen?

6. Amsterdam - kunnen - je - veel - oud - mooi - patriciërshuizen - vinden

7. Volgens mij - zijn - het - te klein - maar - je - kunnen - het - even - passen

7 Zahlenrätsel

Die Zahlen sind durch Buchstaben zu ersetzen. Dabei bedeuten gleiche Zahlen gleiche Buchstaben.

1. 13 14 11 16 6 17 4
   Delen van de handen.

2. 10 17 19 4 7 12 12 17 2 5 6
   Daarop staat hoeveel een kledingstuk kost.

3. 8 6 14 15 4 6 4 2 17 12 12 2
   Een van de beste winkelstraten in Amsterdam.

4. 16 9 6 15 7 9 9 10
   € 14,- voor een blouse, dat is echt *niet duur*.

5. 10 12 4 7 12 18 6 17
   Daarin kun je kleren passen.

6. 5 9 17 15 12 12 11
   Een van de oudste wijken in Amsterdam.

7. 1 9 11 2 12 11 2
   Als je niet pint of chipt, dan betaalt je misschien zo.

8. 9 17 14 16 14 11 6 6 8
   Een ander woord voor *eenmalig*.

9. 11 6 3 4
   Deel van je hoofd.

1 =	8 =	15 =	22 =
2 =	9 =	16 =	23 =
3 =	10 =	17 =	24 =
4 =	11 =	18 =	25 =
5 =	12 =	19 =	26 =
6 =	13 =	20 =	
7 =	14 =	21 =	

abc def ghi jkl mno pqr st uvw xyz

Les 15

Setzen Sie die passenden Begriffe (samt Artikeln) ein.

① ....

② ....

③ ....

④ ....

⑤ ....

⑥ ....

⑦ ....

⑧ ....

⑨ ....

⑩ ....

⑪ ....

⑫ ....

⑬ ....

⑭ ....

⑮ ....

⑯ ....

9 Hörverstehen. 59

Die Polizei fahndet nach einem Verbrechertrio. Welche der drei Gruppen ist es?

10 Übersetzen Sie die folgenden Sätze ins Niederländische.

1. Für das Fest brauche ich etwas Schönes.

2. Bezahlen Sie bar oder mit Kreditkarte?

3. Beim nächsten Mal gehe ich lieber alleine einkaufen.

4. Kann ich dieses Kleid einmal anprobieren?

5. Das ist wirklich nichts für mich.

6. Danke, aber ich schaue mich lieber noch einmal um.

7. Haben Sie diese Hose noch eine Nummer kleiner?

Leseverstehen

Folgende Städtebeschreibungen stammen aus einem Prospekt der niederländischen Bahn (de NS), der zum Einkaufsbummel mit der Bahn animieren möchte. Bevor Sie zum Wörterbuch greifen, versuchen Sie Wörter in den Texten zu finden, die zu den folgenden Rubriken gehören.

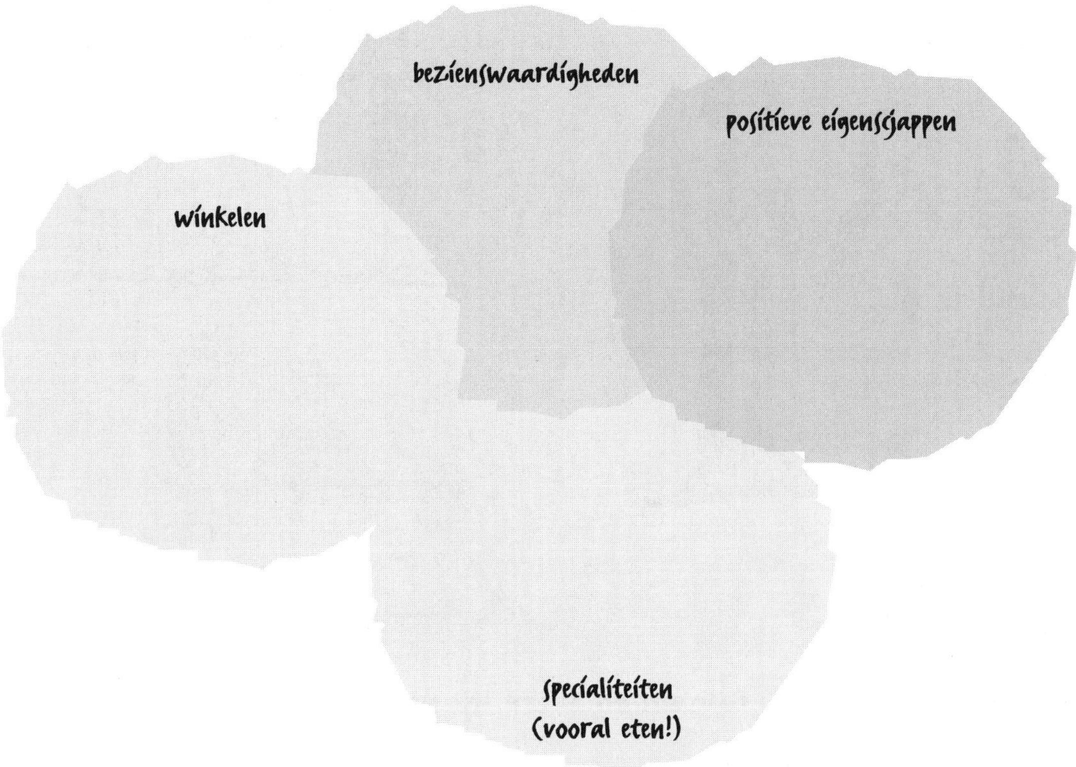

Antwerpen

Wat maakt Antwerpen nou zo leuk? De middeleeuwse gotische geveltjes? De Antwerpse pralines? De gezellige terrasjes? Of toch de winkels; groot, klein, avant-gardistisch gezellig? Ontdek het zelf met de NS.

Arnhem

Het is de historische sfeer die het winkelen in Arnhem zo aantrekkelijk maakt. Kijken is soms net zo leuk als kopen. Houdt u van antiek en curiositeiten? Geef uw ogen dan goed de kost in Arnhem en u komt thuis met de leukste hebbedingetjes. En met Arnhemse meisjes, natuurlijk.

Den Haag

Wie zich in het Haagse begeeft, proeft meteen de statige sfeer. U vindt er vele monumentale bouwwerken zoals Paleis Noordeinde, het Mauritshuis en natuurlijk de Ridderzaal aan het Binnenhof. Elegante winkels worden afgewisseld met kleinere karakteristieke zaakjes. Bent u antiekliefhebber? Dan moet u echt eens in Den Haag rondsnuffelen.

Groningen

Universiteitssteden brengen altijd een uitbundige sfeer met zich mee. Zo ook Groningen, een van de meest contrastrijke steden van ons land. Grote warenhuizen naast excentrieke zaakjes, chique restaurants naast genoeglijke eetcafés, moderne architectuur naast eeuwenoude monumenten. Groningen blijft verrassen.

Maastricht

In Nederland blijven en toch een buitenlands sfeertje proeven? Dan is Maastricht uw stad. Hier weet men gemoedelijkheid met stijl te combineren. De oudste Nederlandse stad is zeer vriendelijk en gastvrij. Het winkelaanbod is er enorm. En natuurlijk mag u de stad niet verladen zonder een heerlijke Limburgse vlaai mee te nemen.

Les 15

Rotterdam

Met recht een wereldstad. De grootte doet hier en daar Amerikaans aan: een indrukwekkende skyline, toonaangevende architectuur en een gloednieuw winkelgebied de Beurstraverse. Rotterdam bewijst dat groot ook heel gezellig kan zijn. U vindt er vele winkelstraten met grootwarenhuizen, boetieks en grand cafés. Wat u ook zoekt, u vindt het in Rotterdam.

Utrecht

Echte winkelliefhebbers kennen Hoog Catharijne. Maar Utrecht heeft ook een prachtige middeleeuwse binnenstad. Dus bent u op zoek naar iets bijzonders? Kijk dan eens rond in de eeuwenoude werfkelders aan de Oudegracht. U vindt er talloze excentrieke zaken en gekke winkeltjes. En 's zomers kunt u er lekker een terrasje pikken.

Test 3 S. 176

Wie is er aan de beurt?

Erläuterungen

Unbestimmte Zahlwörter

Man verwendet unbestimmte Zahlwörter, um eine unbestimmte Anzahl oder Menge zu beschreiben. Bei der Bildung der in dieser Lektion eingeführten unbestimmten Zahlwörter *enkele, enige, veel, weinig* und *sommige* gibt es kleine Unterschiede.

- ***Veel*** und ***weinig*** bleiben zumeist unverändert, d.h. auch vor Substantiven im Plural:

  Veel *dingen zijn in de supermarkt goedkoper.*
  Er zijn maar ***weinig*** *dingen die je niet op de markt kunt vinden.*

  Nach *de* oder *het*, einem Demonstrativ- oder Possessivpronomen erhalten beide Wörter die Endung ***-e***. Diese Konstruktion wird nicht in der gesprochenen Sprache verwendet:

  De 'bonuskaart' hoort tot de ***vele*** *spaaracties in Nederland.*
  Het ***weinige*** *wasmiddel dat we hadden is nu al op.*

- ***Enige*** und ***enkele*** werden genau wie Adjektive flektiert. Vergleichen Sie dazu auch Lektion 3, S. 26:

  Heb je ***enig*** *idee?*
  De student heeft nog ***enige*** *opmerkingen.*

- ***Sommige*** hat immer die Endung ***-e***, da auf *sommige* immer ein Substantiv im Plural folgt:

  Op ***sommige*** *producten krijgt men een extra korting.*

Wortfolge

Die Wortfolge entspricht im Wesentlichen dem Deutschen. Dies gilt sowohl für Haupt- als auch für Nebensätze.

1. Hauptsatz

Ein Satz besteht zunächst aus einem Subjekt (Satzgegenstand) und einem Prädikat (Satzaussage). Das Subjekt (1) ist die Person oder Sache, die etwas macht. Das Prädikat (2) beschreibt das, was gemacht wird. Subjekt und Prädikat werden zumeist durch ein oder mehrere Objekte (Satzergänzungen) (3) ergänzt. Das Objekt ist die Person oder Sache, mit der etwas gemacht wird.

Ik neem één kilo van die aardappels.
1 2 3

- Bei mehreren Objekten gilt generell: ***indirektes Objekt (3b) vor direktem Objekt (3a):***

  Ze heeft ***me twee kilo*** *gegeven.*
  3b 3a

  Wenn *hem, ze* oder *het* als direktes Objekt für eine Sache stehen, ist die Wortfolge genau umgekehrt! Vergleichen Sie:

  Ik heb ***Ina het lijstje*** *gegeven. Aber: Ik heb* ***het haar*** *gegeven.*
  3b 3a 3a 3b

  Wird ein indirektes Objekt mit *aan* gebildet, so folgt es auch dem direkten Objekt:

  Kunt u ***dit boek aan mijn broer*** *geven?*
  3a 3b

- Wird das Hauptverb durch ein Modal- oder Hilfsverb ergänzt, so tritt wie im Deutschen das unflektierte Hauptverb an das Satzende:

  Hij ***moet*** *nog boodschappen* ***doen****.*

  Dies gilt auch dann, wenn in einem solchen Satz zwei oder mehr Infinitive vorkommen:

  Ik ***heb*** *ze echt niet* ***kunnen vinden****.*

- Bei Fragesätzen gibt es wie im Deutschen die Inversion:

  Zijn die perziken rijp?
  Heeft u het niet kleiner?

2. Nebensatz

Wie im Deutschen werden Subjekt und Prädikat im Nebensatz getrennt, wobei das Prädikat an das Satzende tritt:

Ik geloof ***dat*** *ik nu aan de beurt* ***ben****.*
Dat is toch de wijn ***die*** *we de laatste keer ook* ***hadden****.*

- Bei Konstruktionen mit Hilfsverb gibt es im Nebensatz zwei Möglichkeiten:

  Ik weet ***dat*** *Jan mij het geld nog niet* ***gegeven heeft****.*
  Ik weet ***dat*** *Jan mij het geld nog niet* ***heeft gegeven****.*

Beide Versionen sind gleichwertig. Die erste Version entspricht jedoch mehr der gesprochenen Sprache. Vergleichen Sie auch mit Lektion 13. Besteht die Verbgruppe aus mehr als zwei Verben, so ist die Abfolge wie im Hauptsatz.

Bildung der Diminutive (Fortsetzung)

Wie Sie in Lektion 8 gelesen haben, wird das Diminutiv grundsätzlich durch die Endung ***-je*** gebildet *(het pak ➞ het pakje)*. Dazu gibt es aber auch eine Reihe von phonetisch bedingten Varianten dieser Endung.

- Die Endung ***-tje*** erhalten Substantive mit auslautendem Vokal (einschließlich Vokalverbindungen) sowie nach ***-l, -n*** und ***-r*** nach einem vorangegangenen langen Vokal oder nach unbetontem ***-el, -er, -en, -or***:

de snee	➞	*het snee**tje***
de mevrouw	➞	*het mevrouw**tje***
de boon	➞	*het boon**tje***
de tafel	➞	*het tafel**tje***
het nummer	➞	*het nummer**tje***

- Die Endung ***-etje*** erhalten Substantive mit auslautendem ***-l, -m, -n, -ng*** und ***-r*** (manchmal auch ***-b, -g*** und ***-p***) nach einem kurzen Vokal:

het ding	➞	*het ding**etje***

- Die Endung ***-pje*** erhalten z.B. Substantive mit auslautendem ***-m*** vor einem langen Vokal:

de boom (Baum)	➞	*het boom**pje***

- Die Endung ***-kje*** erhalten manche Substantive mit ***-ing***. Hier fällt das auslautende *-g* weg:

de woning	➞	*het wonin**kje***
aber:		
de leerling	➞	*het leerling**etje***

Einige Ausnahmen:

de jongen (Junge)	➞	*het jong**etje***
het kind (Kind)	➞	*het kindje, de kind**ertjes** (Pl.)* oder *kindjes*

- Mit dem Diminutiv werden aus Zahlen, Adjektiven, Pronomen, Präpositionen und Verben Substantive gebildet:

tien	➞	*het tientje*	*Het kost een tientje.*	Es kostet zehn Euro.
klein	➞	*het kleintje*	*allemaal kleintjes*	lauter Kleine (z.B. Äpfel)
iets	➞	*het ietsje*	*ietsje meer*	ein bisschen mehr
toe	➞	*het toetje*	*een toetje nemen*	einen Nachtisch nehmen
kijken	➞	*het kijkje*	*een kijkje nemen*	einen Blick werfen, sich umschauen

Übungen

1 Boodschappen doen

Was gibt's im Kühlschrank? Was brauchen Sie noch?

Er zijn nog twee flessen melk en twee flesjes koffiemelk, geloof ik. …
Ik heb nog een fles wijn nodig.

BOODSCHAPPENLIJSTJE

- ☐ Babyvoeding
- ☐ Bier
- ☐ Brood
- ☐ Chips
- ☐ Desserts
- ☐ Diepvries
- ☐ Diervoeding
- ☐ Eieren
- ☐ Frisdranken
- ☐ Fruit
- ☐ Gebak
- ☐ Groenten
- ☐ IJs
- ☐ Kaas
- ☐ Kip
- ☐ Koekjes
- ☐ Koffie
- ☐ Koffiemelk
- ☐ Luiers
- ☐ Macaroni/Spaghetti
- ☐ Melk
- ☐ Reinigingsartikelen
- ☐ Rijst
- ☐ Salades
- ☐ Sausen
- ☐ Snoep
- ☐ Specerijen
- ☐ Suiker
- ☐ Thee
- ☐ Toiletpapier
- ☐ Vis
- ☐ Vla
- ☐ Vlees
- ☐ Vleeswaren
- ☐ Vruchtensappen
- ☐ Wasmiddelen
- ☐ Wijn
- ☐ Yoghurt
- ☐ Zoutjes

2 Welches Wort passt nicht in die Reihe?

1.	broodjes	koekjes	taart	sla
2.	kip	peren	aardbeien	perziken
3.	ham	gebak	kalkoen	kip
4.	telefoonkaart	postzegels	zeep	briefkaart
5.	tijdschriften	komkommer	boeken	kranten

3 Lösen Sie das Rätsel.

1. een soort groente, groen, lang en krom
2. middel om je tanden te poetsen
3. die moet je op brieven plakken
4. iemand die in een winkel iets koopt
5. een soort groente, oranje, lang en gebogen
6. daarmee kun je je wassen
7. met deze kaart kun je vanuit een telefooncel zonder munten bellen
8. een soort wit vlees

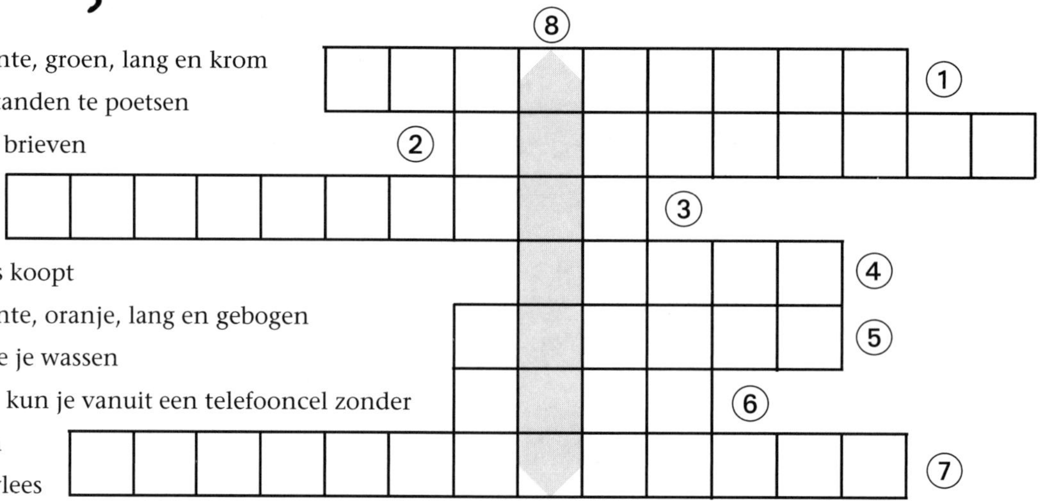

4 Wie kauft man was?

	melk	fruit	worst	vla	pils	suiker	koek	jam	koffie	patat	vlees
zakje											
blikje											
pak	x										
fles	x										
doos											
potje											
100 g (1 ons)											
pond											
kilo											
liter	x										
stuk											
plakje											

Je kunt een liter of een halve liter melk kopen. Die zit in een pak of een …

5 Hörverstehen 60

Sie hören ein Gespräch zwischen zwei Freunden, die ihre Einkäufe für das Fest am Wochenende besprechen. Tragen Sie die Lebensmittel, die sie kaufen wollen, in die Tabelle ein.

	Kaasboer	Bakker	Slager	Groenteboer
Jan				
Marloes				

6 Bilden Sie aus den Satzbruchstücken vollständige Sätze.

1. slager - kunnen - je - vlees - worst - kopen.
2. veel - Nederlanders - eten - ´s middags - boterham - ham en kaas.
3. ik - drinken - elke morgen - kopje koffie - en - eten - banaan.
4. mevrouw - kopen - pond boerenkaas - twee liter melk.
5. je - kunnen - bijna alles - supermarkt - vinden.

7 Bringen Sie die Wörter in die richtige Reihenfolge?

1. ik - de - aan - dat - Ik - beurt - ben - nu - geloof
2. u - bananen - mij - Geeft - een - maar - kilo
3. voor - hebben - aanbieding - We - in - Franse - € 2,69 - pond - een - boerenkaas - de
4. frisdrank - Heb - feest - je - gekocht - al - voor - genoeg - het?
5. zijn - Is - of - stukje - groot - meer - dit - mag - het - genoeg - ietsje?
6. bakker - koop - brood - mijn - Ik - altijd - de - bij

8 Setzen Sie den passenden Text ein.

Doet u maar een pond van die sinaasappels. ◎ Geeft u maar twee van deze taartpunten.
Hoeveel moet erop? ◎ Zijn die appels in de aanbieding? ◎ Zijn die peren rijp?
En een zakje roomboterkoekjes! ◎ Wat kost een kilo van die appels?

9 Hörverstehen 61

Hören Sie das Gespräch und kreuzen Sie an, welche Aussage richtig oder falsch ist.

		richtig	falsch
1.	De perziken zijn in de aanbieding.	☐	☐
2.	De komkommers liggen naast de deur.	☐	☐
3.	De man koopt twee komkommers, een pond snijboontjes en anderhalve kilo aardappelen.	☐	☐
4.	De verkoopster vergist zich.	☐	☐
5.	Samen kost het € 15,60.	☐	☐
6.	De man betaalt met een briefje van vijftig gulden.	☐	☐

10 Wortschatz

Suchen Sie die niederländischen Entsprechungen der folgenden Verben im Text auf Seite 144 in Ihrem Lehrbuch.

Verbform im Text	Infinitiv	
....	....	sich fragen
....	....	bedeuten
....	....	geben/bestehen
....	....	eintauschen
....	....	aufwenden
....	....	verstehen
....	....	mitmachen

Welche Verben sind stark, welche schwach?

Les 16

11 Übersetzen Sie die folgenden Sätze ins Niederländische.

1. Wird dieser Brief morgen noch ankommen?

2. Ein Pfund mittelalter Gouda, bitte. Was kostet er?

3. Ich nehme dann sieben Brötchen, ein halbes Weißbrot und eine Erdbeertorte.

4. Ich glaube, dass ich an der Reihe bin.

5. Können Sie mir helfen?

6. Sind sie nicht im Angebot?

Nederlander dumpt 165 kilo voedsel

UTRECHT – Jaarlijks gooit ieder Nederlands huishouden voor 330 euro aan voedsel weg. Daardoor belandt 110 tot 165 kilo van onze boodschappen ongebruikt in de vuilnisbak. Dat blijkt uit onderzoek van Milieu Centraal en het Nationaal Instituut voor Budgetvoorlichting (Nibud).

Beide organisaties starten aanstaande vrijdag een campagne om voedselverspilling tegen te gaan. Mensen doen steeds vaker boodschappen voor de hele week, waardoor grote voorraden verse voedingsmiddelen worden ingeslagen.
Door op maat boodschappen te doen kan de consument flink besparen op het huishoudgeld, zo redeneren Milieu Centraal en het Nibud. »Mensen moeten vaker naar de supermarkt en per dag inkopen wat ze willen gebruiken«, aldus een woordvoerster van Milieu Centraal.

a) **Richtig oder falsch?**

1. In Nederland wordt vrij veel voedsel weggegooid.
2. Het Milieu Centraal en Nibud vinden dat het nog meer moet worden.
3. Inkopen voor de hele week is aldus de tekst een goed idee.
4. Door voedselverspilling kan de consument flink besparen.
5. Het Milieu Centraal en Nibud zijn van mening dat je vaker boodschappen moet doen.

b) **Tragen Sie die niederländischen Entsprechungen der folgenden Begriffe ein.**

wegwerfen (wo es nicht hin gehört) ....

Nahrung, Essen ....

wegwerfen ....

landen ....

Mülleimer ....

Verschwendung von Essen ....

gegen etwas angehen ....

Vorrat ....

Nahrungsmittel ....

(in großen Mengen) einkaufen ....

nach Maß ....

erheblich einsparen bei etwas ....

argumentieren, folgern ....

einkaufen ....

laut einer Sprecherin ....

Ik zou graag ...

Erläuterungen

Der Konjunktiv

Der Konjunktiv wird in erster Linie verwendet, wenn man das (noch) nicht Vorhandensein einer Situation oder Handlung beschreiben will. So werden irreale Bedingungen, Vermutungen und Wünsche am besten durch den Konjunktiv ausgedrückt. Auch in höflichen Bitten wird – wie im Deutschen – der Konjunktiv benutzt.
Dieses Phänomen wird in der niederländischen Grammatik als „Konditional" *(de conditionalis)* bezeichnet, wir bleiben lieber bei der deutschen Bezeichnung „Konjunktiv".
Der Konjunktiv wird wie folgt gebildet:

***zou/zouden* + Infinitiv des Verbs**	
*Rob **zou** misschien wel **kunnen (helpen)**.*	Rob könnte vielleicht helfen.
*Wij **zouden** het hartstikke leuk **vinden**.*	Wir würden es sehr schön finden.

- **Das Imperfekt** wird auch in **irrealen Bedingungssätzen** verwendet, auch in Kombination mit *zou/zouden* + Infinitiv. So gibt es z.B. vier mögliche Varianten des Satzes „Wenn ich viel Geld hätte, kaufte ich ein Ferienhaus", ohne einen Bedeutungsunterschied:

  *Als ik veel geld **zou hebben, zou** ik een vakantiehuis **kopen**.*
  *Als ik veel geld **zou hebben, kocht** ik een vakantiehuis.*
  *Als ik veel geld **had, zou** ik een vakantiehuis **kopen**.*
  *Als ik veel geld **had, kocht** ik een vakantiehuis.*

  Wie im Deutschen werden manchmal irreale Bedingungssätze mit Formulierungen wie „Ich dachte, ..." eingeleitet:

  *Ik dacht dat zij **mee zou komen**.*

Les 17

Hier sind einige Anwendungsbeispiele des Konjunktivs:

• **Höfliche Bitte** *Ik **zou** graag appartement nr. 37 **willen huren**.*	Ich würde gern Wohnung Nr. 37 mieten.
• **Vorschlag** *Je **zou** dat ook eens **moeten proberen**.*	Du solltest das auch mal (aus)probieren.
• **Vermutung** *Dit hotel ziet er mooi uit. **Zou** het duur **zijn**?*	... Es wird wohl teuer sein.
• **Hörensagen** *Dat **zouden** heel luxe appartementen **zijn**.*	Es sollen sehr luxuriöse Wohnungen sein.
• **Wunsch** *Ik **zou** graag **windsurfen**.*	Ich würde gern windsurfen.

Wortfolge bei doppeltem Infinitiv

Wenn beim Gebrauch von Hilfs- oder Modalverben zwei (oder mehrere) Infinitive aufeinander treffen, so gilt folgende Regel:

Hilfs-/Modalverb + Hauptverb

*Ik **zou** graag een vaatwasmachine **willen hebben**.*	Ich hätte ganz gern eine Spülmachine.
*Hij heeft het niet **kunnen zien**.*	Er hat es nicht sehen können.
*Zij zei dat zij niet zou **kunnen komen**.*	Sie sagte, dass sie nicht kommen könne.
*Ik heb hem niet **zien komen**.*	Ich habe ihn nicht kommen sehen.

Übungen

1 Warum Konjunktiv?

Handelt es sich in den folgenden Sätzen um

a. eine höfliche Bitte,
b. einen Vorschlag,
c. eine Vermutung,
d. Hörensagen,
e. einen Wunsch
f. eine irreale Bedingung?

1. Dat zou het beste hotel in de stad zijn.
2. Ik zou u graag iets willen vragen.
3. Als ik jou was, zou ik niet te lang in de zon blijven liggen.
4. Ze zouden om een uur of vijf komen.
5. Zou u mij kunnen zeggen ...?
6. Als ik haar was, wist ik wat ik moest doen.
7. Ik zou graag naar Spanje gaan.

2 Vollenden Sie die Sätze im Konjunktiv.

Verwenden Sie den Konjunktiv anstelle des Imperfekts.

Als ik jou was, ...

1. ging ik vroeger naar huis. ....
2. hield ik liever mijn mond. ....
3. bleef ik niet te lang in de zon liggen. ....
4. keek ik niet zo vaak tv. ....
5. maakte ik me niet zo veel zorgen. ....
6. betaalde ik de kamer met een cheque. ....
7. wist ik wat ik moest doen. ....
8. belde ik haar meteen op. ....

3 Welches Wort passt nicht in die Reihe?

1.	Texel	Terschelling	Langeoog	Ameland	
2.	zee	strand	zon	wind	bos
3.	klok	kookpan	gasfornuis	magnetron	
4.	paardrijden	een wandeling maken	zonnen	vliegeren	
5.	appartement	toeslag	bungalow	hotel	

4 Was würden Sie tun?

Was würden Sie tun, wenn Sie € 100.000,– gewinnen würden? Verwenden Sie dabei den Konjunktiv.

1. ....
2. ....
3. ....
4. ....
5. ....
6. ....

Oder: ....

5 Woordzoeker

In diesem „Woordzoeker" sind 26 Wörter verborgen, die alle aus dem Bereich „Urlaub" stammen. Die Wörter können vertikal, horizontal und diagonal gelesen werden. Kreisen Sie die Buchstaben eines gefundenen Wortes mit einem Bleistift ein und legen Sie eine Liste dieser Wörter an.

W	V	D	I	L	H	O	O	G	S	E	I	Z	O	E	N	P	F
O	E	O	G	M	A	G	N	E	T	R	O	N	L	C	K	E	I
E	E	R	A	T	N	F	U	B	G	I	E	M	T	IJ	O	N	E
T	R	P	S	E	D	E	I	O	R	S	M	T	N	F	O	S	T
S	B	S	F	L	D	D	K	V	L	T	N	N	O	Ö	K	I	S
H	O	G	O	E	O	C	U	L	F	E	B	F	E	H	P	O	E
P	O	E	R	F	E	Z	P	I	M	E	K	O	M	N	A	N	N
A	T	Z	N	O	K	IJ	S	E	N	C	D	O	E	A	N	D	V
A	L	I	U	O	C	H	T	G	W	N	D	N	L	K	N	E	E
R	N	C	I	N	T	R	D	E	A	A	N	K	I	A	E	E	R
D	K	H	S	M	A	U	P	R	D	O	A	L	L	S	N	N	H
R	A	T	U	P	R	O	T	E	Z	E	E	I	K	O	S	T	U
IJ	E	W	P	O	T	S	T	N	H	J	E	M	N	K	K	S	U
D	C	A	R	A	V	A	N	S	T	R	IJ	K	IJ	Z	E	R	R
E	K	O	F	F	I	E	Z	E	T	A	P	P	A	R	A	A	T
N	S	E	E	M	P	K	A	M	P	E	R	E	N	C	B	A	U

appartement
boeken
caravan
dorpsgezicht
duin
eiland
fietsenverhuur
föhn
gasfornuis
handdoek
hoogseizoen
klok
kamperen
koffiezetapparaat
kookpannen
magnetron
pension
paardrijden
strand
strijkijzer
telefoon
vliegeren
veerboot
wad
zee
zonnen

6 Lösen Sie das Silbenrätsel.

Silben: boot · chi · dui · e · foon · gids · gne · hoog · le · lui · ma · ma · ne · nen · nen · ren · sei · te · tron · veer · was · zoen · zon

1. In deze tijd gaan de meeste mensen op vakantie. ....
2. Met dit apparaat kun je het eten bereiden. ....
3. In dit boek vind je belangrijke nummers. ....
4. Deze kleine zandbergen vind je aan de zee. ....
5. Het zich gemakkelijk maken. ....
6. Boot die je van de ene naar de andere kant van een rivier brengt. ....
7. Apparaat waarmee men de was kan doen. ....
8. In de zon liggen. ....

7 Bringen Sie die Wörter in die richtige Reihenfolge.

1. hebben - zou - een - Ik - mijn - vaatwasmachine - in - graag - willen - vakantiehuisje.

   ....

2. jaar - naar - ik - graag - Volgend - vakantie - zou - op - gaan - Vlieland.

   ....

3. vakantiehuis - de - hoef - te - tv - hebben - Tijdens - geen - ik - in - mijn - vakantie.

   ....

4. willen - Ik - appartement - huren - graag - nr.21 - zou.

   ....

5. de - beschrijving - u - indeling - een - Kunt - geven - van?

   ....

8 Wie lautet die Frage?

1. .... Ik zou mijn vakantie het liefst in Spanje doorbrengen.
2. .... In mijn vakantiehuis zou ik graag een magnetron en een vaatwasmachine willen hebben.
3. .... Die waren het er niet mee eens. Ze wilden liever naar Italië.
4. .... Die vond mijn idee prima.
5. .... Daar kun je van alles doen: zeilen, surfen, vissen, zwemmen, paardrijden en noem maar op.
6. .... Nee, daar is alles goedkoper dan bij ons.

9 Übersetzen Sie die folgenden Sätze ins Niederländische.

1. Hiermit bestätige ich Ihre Reservierung vom 6. Mai.

2. Dein Tipp bezüglich eines Urlaubs auf Ameland war Gold wert.

3. In meinem Ferienhaus würde ich gerne eine Waschmaschine, einen Kühl-

   schrank, eine Kaffeemaschine und einen Gasherd haben.

4. Von hier ist es nur ein Katzensprung nach Nimwegen.

5. Mit wie vielen Personen wollen Sie kommen?

6. Wir sind zu viert, zwei Erwachsene und zwei Kinder von drei und sechs Jahren.

10 Hörverstehen 62

Hören Sie den Dialog und kreuzen Sie die richtige Antwort an.

1. De familie Sluizer gaat elk jaar op vakantie naar
   a) Spanje.
   b) Oostenrijk.
   c) Zwitserland.

2. Meneer Sluizer zou graag
   a) in de bergen wandelen.
   b) in de zon liggen.
   c) in de zee gaan zwemmen.

3. Tessa vindt de reizen naar Zwitserland
   a) afwisselend.
   b) vervelend.
   c) spannend.

4. Zij wil graag op vakantie naar
   a) Duitsland.
   b) Amerika.
   c) Spanje.

5. Meneer Sluizer
   a) is het daarmee eens.
   b) vindt dit voorstel goed.
   c) wil er niets van horen.

6. Rob
   a) is het met zijn vader eens.
   b) is het met zijn zus eens.
   c) wil liever alleen op vakantie gaan.

7. Mevrouw Sluizer wil niet naar Zwitserland omdat
   a) ze niet van bergen houdt.
   b) het daar te koud is.
   c) ze de Zwitsers niet kan verstaan.

8. ’s Avonds willen Tessa en Rob
   a) naar de disco gaan.
   b) met hun ouders uit eten gaan.
   c) naar de bioscoop.

11 Wortschatz

Tragen Sie die niederländischen Bezeichnungen (mit dem Artikel und der Pluralform) für die folgenden Wörter aus dem Text auf Seite 152 im Lehrbuch ein.

Vorteil ....

Insel ....

10-Euro-Schein ....

Fahrradverleih ....

Fahrrad ....

Entdeckungsreise ....

Düne ....

Vogel ....

Küste ....

Fähre ....

12 Was würden Sie sagen?

Volgens een vakantie-onderzoek van 2002 ging ongeveer de helft van de Nederlanders dat jaar op vakantie naar het buitenland. De top 5 van de vakantiebestemmingen was:

1: Frankrijk
2: Spanje
3: Duitsland
4: Oostenrijk
5: Italië

Wat zou u zeggen?

1. Wat zijn de meest populaire vakantiebestemmingen in uw land?
2. Staat Nederland op het lijstje van de top 5? Hoezo/Waarom niet?

Onderweg

Erläuterungen

Das Passiv

Das Passiv wird wie im Deutschen vor allem dann verwendet, wenn Vorgänge und nicht Handelnde im Mittelpunkt einer Aussage stehen.

Präsens	*Een kamer* ***wordt*** *voor u* ***gereserveerd.***
Imperfekt	*Een kamer* ***werd*** *voor u* ***gereserveerd.***
Perfekt	*Een kamer* ***is*** *voor u* ***gereserveerd.***
Futur	*Een kamer* ***zal*** *voor u* ***worden gereserveerd / gereserveerd worden.***

Im Präsens, Imperfekt und Futur betont das Passiv stärker die Handlung, im Perfekt stärker das Resultat einer Handlung. Vergleichen Sie:

Präsens	*De auto wordt gerepareerd.*	(Man denkt an die Reparatur selbst.)
Perfekt	*De auto is gerepareerd.*	(Man kann es jetzt fahren.)

Will man die Person nennen, die die Handlung ausführt, so tritt an die Stelle des deutschen *von* das niederländische ***door***:

Door *mijn secretaresse* ***wordt*** *een kamer voor u* ***gereserveerd.***

Bildung

Das Passiv wird im **Präsens** und **Imperfekt** mit der entsprechenden Form von *worden* und dem Partizip Perfekt des Hauptverbs gebildet.

Im **Perfekt** setzt sich das Passiv nur aus einer Form des Hilfsverbs *zijn* und dem Partizip Perfekt zusammen. Anders als im Deutschen entfällt hier das Partizip Perfekt *worden*:

Hij is om 11.00 uur afgehaald.	Er ist um 11.00 Uhr abgeholt worden.
Het schilderij is vorig jaar verkocht.	Das Gemälde ist letztes Jahr verkauft worden.

Das **Futur** setzt sich aus einer Form von *zullen*, dem Infinitiv *worden* und dem Partizip Perfekt zusammen:

De auto ***zal worden gerepareerd.***	Das Auto wird repariert werden.

Genauso lässt sich die Passivkonstruktion mit den anderen modalen Hilfsverben bilden:

De auto ***moet worden gerepareerd.***	Das Auto muss repariert werden.
Meneer Becker ***kan worden afgehaald.***	Herr Becker kann abgeholt werden.

Eine Konstruktion mit ***er*** als vorläufiges Subjekt ist auch möglich. Im Präsens suggeriert diese Konstruktion, dass die Handlung gerade abläuft:

Er wordt *gebeld.*	Es klingelt gerade.

Übungen

1 Unterstreichen Sie die Passivformen in den folgenden Zeitungsberichten.

Film Festival

Het Nederlands Film Festival wordt op 23 september in Utrecht geopend met de première van Het 14de Kippertje, een speelfilm van regisseur Hany Abu Assad. Het scenario voor de ironische tragikomedie is geschreven door Arnon Grunberg.

Fries in Duitsland

De positie van het Fries in Duitsland, 'Frasch' genaamd, zal worden versterkt. De Duitse regering heeft daartoe op 16 september het Europees Handvest voor Regionale en Minderheidstalen geratificeerd. Het Frasch – Fries dat is beïnvloed door het Deens en het Duits – wordt gesproken door ongeveer 10.000 Duitsers in Sleeswijk-Holstein en Nedersaksen. Met de ondertekening van het Handvest verplicht de Bondsrepubliek zich tot extra steun voor en bescherming van de minderheidstaal.

Kandinsky in Den Haag

Het Haagse Gemeentemuseum opent op 29 oktober na anderhalf jaar opnieuw de deuren voor het publiek. De heropening van het verbouwde museum wordt gevierd met een tentoonstelling van het werk van de Russische schilder Wassily Kandinsky. Op de tentoonstelling worden schilderijen van deze pionier van de moderne kunst getoond samen met die van zijn tijdgenoot Piet Mondriaan, van wie het museum een grote verzameling bezit. De tentoonstelling is samengesteld in samenwerking met de Hermitage in Sint Petersburg en de Tretyakov Galerie in Moskou.

Um welche Zeitform handelt es sich bei den unterstrichenen Verben (Präsens, Imperfekt, Perfekt oder Futur)?

2 Bilden Sie aus den vorgegebenen Sätzen Passivsätze.

Bilden Sie Passivsätze im Präsens, Imperfekt, Perfekt und Futur.

1. Men verkoopt het schilderij voor € 15.000,–.

   Präsens:

   Imperfekt:

   Perfekt:

   Futur:

2. Dit heeft het Centraal Bureau voor de Statistiek bekendgemaakt.

   Präsens:

   Imperfekt:

   Perfekt:

   Futur

3. De politie heeft een actie tegen het drugstoerisme gehouden.

   Präsens:

   Imperfekt:

   Perfekt:

   Futur

4. De oppositie kritiseerde de regering als 'visieloos'.

   Präsens:

   Imperfekt:

   Perfekt:

   Futur

5. De rechtbank in Utrecht heeft twee personen wegens illegale handel in Chinese medicijnen veroordeeld.

   Präsens:

   Imperfekt:

   Perfekt:

   Futur

3 Formulieren Sie vollständige Sätze aus den Zeitungsmeldungen.

Verwenden Sie dabei das Passiv im Imperfekt.

Kleine jongen door hond gered

① ....

Schilderij van Rembrandt in kelder gevonden

② ....

€ 1 miljoen van ABN-AMRO Bank gestolen

③ ....

Europees Parlement: Verbod op tabaksreclame

④ ....

Grafveld van 3500 v. Chr. blootgelegd

⑤ ....

Toenmalige voetballer tot bondscoach genoemd

⑥ ....

4 Ergänzen Sie die Sätze im Passiv.

Kunt u zich voorstellen dat ...

1. (in 1993 € 3.650,– voor een tweedehandsauto bieden)?

....

2. (voor een fles Franse wijn € 10.000,– betalen)?

....

3. (in 1988 een kaart voor € 2.500,– verkopen)?

....

4. (in 1991 een taart van 30.000 kilo in 24 uur maken)?

....

5. (in IJsselmeer een 64 jaar oude auto vinden)?

....

6. (in 1984 een schilderij van Jan Vermeer voor € 8 miljoen verkopen)?

....

5 Ergänzen Sie.

Einige Studenten haben an der Universität einen 10-Minuten-Film gedreht. Dieser Film wurde vor kurzem im Fernsehen gesendet. Ein Reporter interviewt nun den Dozenten und seine Studenten.

Interviewer:	Dat was een fantastische film. Wie heeft de film gemaakt?
Meneer van Steen:	Nou, de film .... alle studenten.
Interviewer:	Waar werd de film opgenomen?
Martin:	De meeste scènes .... in het instituut ....
Interviewer:	Ik heb erg van het verhaal genoten. Wie heeft het geschreven?
Ineke:	Die .... Carmen Lesman, één van de studenten.
Interviewer:	Wie heeft dan de muziek uitgezocht?
Meneer van Steen:	Die .... Tom Heuvels, een derdejaars student.
Interviewer:	Hebben de studenten hun kleren zelf ontworpen?
Meneer van Steen:	Jazeker. Die zijn... Alice en Sandra, samen met een designstudent.
Interviewer:	Bedankt voor het gesprek. Ik wens jullie nog veel succes met eventuele volgende films.

6 Lösen Sie das Rätsel.

Les 18

Tragen Sie die Lösungswörter in die dafür vorgesehenen Kästchen ein.

1. Iemand ontmoeten (b.v. op het station) om hem mee te nemen.
2. Als de zon schijnt heb je die soms nodig.
3. Zonder dit mag je niet autorijden.
4. een bedrag dat je extra moet betalen
5. zoete dingen zonder voedingswaarde (maar lekker!)
6. Dit boekje kun je in een vreemd land goed gebruiken.
7. Als je onderweg bent voor je werk, ben je op ~
8. Dat draag je om te weten hoe laat het is.

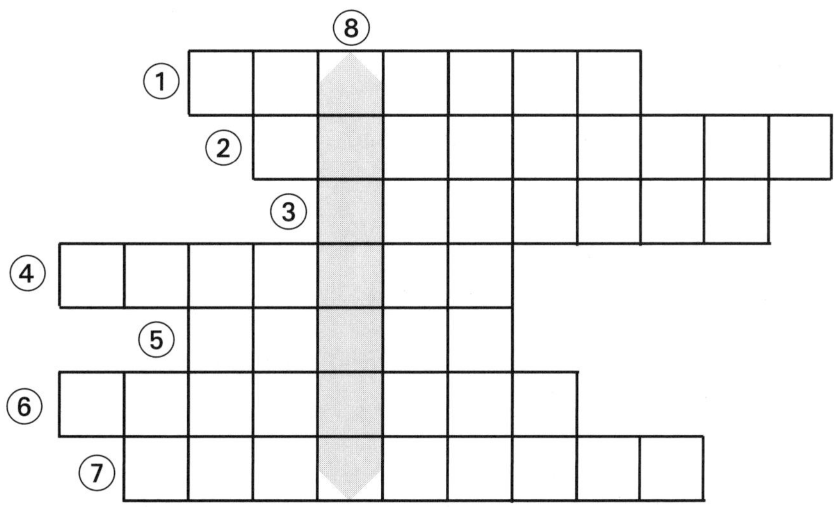

7 Bilden Sie aus den Satzbruchstücken vollständige Sätze.

1. Secretaresse - hebben - kamer - meneer Duffels - reserveren

2. Zij - zorgen - ervoor - dat - hij - afhalen - worden

3. Bovendien - sturen - zij - nog - fax - met - alle informatie

4. Meneer Duffels - worden - station - chauffeur - afhalen

5. Maar eerst - kopen - hij - reisgids en plattegrond - Amsterdam

6. Amsterdam - bekend zijn - om - nachtleven

7. Over twee dagen - worden - hij - weer - station - brengen

8. Hij - zullen - dan - twee leuke dagen - Amsterdam - doorbrengen - hebben

8 Übersetzen Sie die folgenden Sätze ins Niederländische.

1. Ich würde gern mit Herrn De Wilde sprechen.

2. Einen Augenblick bitte, ich verbinde Sie weiter.

3. Fährt der Zug nach Antwerpen auf Gleis 7 ab?

4. Sie müssen in Utrecht umsteigen.

5. Wenn Sie möchten, reserviert meine Sekretärin ein Zimmer für Sie.

6. Wie spät werde ich in Düsseldorf ankommen?

9 Hörverstehen 63

Hören Sie das Gespräch und beantworten Sie die Fragen.

1. Waarom rijdt Rob liever zonder een treinkaartje?

   ....

2. Waarvoor is Frans bang?

   ....

3. Wat antwoordt Rob op de vraag van de conducteur?

   ....

4. Welke andere mogelijkheid bestond er volgens de conducteur?

   ....

5. Hoeveel moet Rob nu betalen?

   ....

10 Leseverstehen

Setzen Sie folgende Stichwörter neben die passenden Textstellen:

meer plaats voor etsen · renovatie · feestelijke opening · hogere aantal bezoekers · opening tentoonstelling · meer ruimte

Rembrandthuis

Kroonprins Willem-Alexander verricht op 7 mei de opening van de nieuwe vleugel van museum Het Rembrandthuis in Amsterdam. Met de nieuwbouw van 800 vierkante meter verdubbelt het museum zijn vloeroppervlakte. Daarmee kan het aantal bezoekers van 140.000 per jaar groeien tot 215.000. Volgens Het Rembrandthuis beschikt het vanaf volgende maand eindelijk over een echte expositieruimte voor een groot deel van de collectie etsen van Rembrandt. De vleugel grenst aan het oude woonhuis van de schilder dat de komende anderhalf jaar tot zijn oorspronkelijke staat wordt teruggebracht. De nieuwbouw wordt gevierd met een overzichtstentoonstelling van het werk van Adriaen van Ostade.

....

....

....

....

....

....

Ik mis je

Zaterdag 15 November ongeveer 16.15 uur in de Intercity Amsterdam-Vlissingen. Ik op pad naar mijn ouders, jij naar je tante in Goes. Het klikte meteen. Zo goed, dat we in Vlissingen samen gingen eten. Daarna durfde ik je niet te bellen. En nu ben ik je nummer kwijt. Lieve Paul uit Almere, schrijf. Ik mis je.

Br.o.nr. R/3/4

Hermann Brusselmans

Je was verdiept in een boek van Herman Brusselmans. Die schreef ooit: 'Ik heb twee keer 'man' in mijn naam, en toch zoveel last van de vrouwen.' Ik heb niet één 'man' in mijn naam en eigenlijk ook geen last van jou. Hoewel? Ik vroeg om je telefoonnummer. Vriendelijk lachend weigerde je. Jij vroeg om een oproep in Hartkloppingen. Smalend lachend weigerde ik ... terwijl mijn hart onrustig klopte.

Br.o.nr. R/3/3

Ondeugende grijns

Iedere vrijdagmiddag kom ik je tegen op het station in Utrecht: stralend en met een grote grijns. Vorige keer keek je zó ondeugend en lachte je zó uitbundig: kwam dat door mij of was je alleen maar blij dat het weekend werd? Ik zou er niets op tegen hebben om die grijns van je wat vaker te zien. Neem jij het initiatief?

Br.o.nr. R/2/7

Ik ben erg verkouden

Erläuterungen

Wortfolge nach den Konjunktionen *omdat* und *want*

Die beiden Konjunktionen *omdat* und *want* geben den Grund bzw. die Ursache für eine Handlung oder eine Situation an.
Die Wahl zwischen diesen Konjunktionen hat jedoch Auswirkungen auf die Wortfolge im Satz.
Lesen Sie dazu auch bei Lektion 10 nach.

- ***Want*** verbindet zwei Hauptsätze miteinander. Die Wortfolge ändert sich somit *nicht*:

  Ze maakt een afspraak bij de dokter ***want*** *ze* ***is*** *erg verkouden.*

- ***Omdat*** dagegen leitet als untergeordnete Konjunktion einen *Neben*satz ein. Zur Wortfolge im Nebensatz lesen Sie bitte in Lektion 16, S. 133 nach:

  Ze maakt een afspraak bij de dokter ***omdat*** *ze erg verkouden* ***is****.*

  Auf eine Frage nach dem „Warum?" kann nur mit *omdat* geantwortet werden und nie mit *want*:

  Waarom stelt de dokter zich voor? – Omdat ze elkaar niet kennen.

  Statt *„omdat"* kann man das verbindende Adverb *daarom* verwenden. Sätze, die durch verbindende Adverbien verknüpft werden, bleiben als Hauptsätze bestehen. Beachten Sie die Inversion:

  Ze is erg verkouden – ***daarom*** *wil ze een afspraak* ***maken****.*

J.J. Steenkist, huisarts
Karel Doormanlaan 261
2283 AN Rijswijk
Telefoon 070 - 394 93 90 (bij geen gehoor) 345 53 00

Spreekuur	: volgens afspraak van 8.00 tot 10.30 uur en van 13.00 tot 15.30 uur (behalve woensdagmiddag)
Bellen voor afspraken en recepten	: tussen 8.00 en 11.00 uur
Spoedgevallen 's avonds en 's nachts	: de doktersnachtdienst **346 96 69**
Lunch	: wij lunchen tussen 12.00 en 13.00 uur

Übungen

1 Bilden Sie die vorgegebenen Sätze um.

Verwenden Sie dabei *want* anstelle von *omdat.*

1. Ik ga naar bed omdat ik moe ben.

   ....

2. Ze kan vandaag helaas niet komen omdat ze de griep heeft.

   ....

3. Henk moest de rekening meteen betalen omdat hij geen E 111 formulier had.

   ....

4. Dokter Steenkist heeft vandaag geen spreekuur omdat hij in het ziekenhuis is.

   ....

5. Ik kan niet slapen omdat ik hoofdpijn heb.

   ....

6. Ik ben erg moe omdat ik de hele nacht niet heb geslapen.

   ....

7. Ik ben vorige week naar de dokter geweest omdat ik me niet goed voelde.

   ....

2 Bilden Sie die Sätze mit *omdat*.

1. De man heeft buikpijn ... .
   (te veel eten)

2. De man heeft een gebroken been ... .
   (uit de boom vallen)

3. De vrouw heeft pijn in haar rug ... .
   (te lang tuinieren)

4. De man heeft spierpijn ... .
   (veel gymnastiek doen)

5. De vrouw heeft een gebroken arm ... .
   (een ongeluk hebben)

6. De vrouw heeft hoofdpijn ... .
   (stress op kantoor hebben)

3 Bilden Sie die Sätze aus Übung 2 um.

Beispiel: *Ze maakt een afspraak bij de dokter omdat ze erg verkouden is.*
Ze maakt een afspraak bij de dokter want ze is erg verkouden.

1.

2.

3.

4.

5.

6.

4 Wortschatz

Ordnen Sie die Freizeitaktivitäten auf S. 165 im Lehrbuch nach einem oder mehreren der folgenden Prinzipien. Fügen Sie auch andere Aktivitäten, die Sie kennen, hinzu.

activiteiten buitenshuis

activiteiten thuis

activiteiten die je alleen maar bij mooi weer doet

activiteiten die je altijd kunt doen

activiteiten die je alleen doet

activiteiten die je met vrienden doet

5 Bilden Sie aus den Satzbruchstücken vollständige Sätze.

1. Ik - gaan - vanmorgen - dokter - omdat - ik - verkouden - zijn
2. De dokter - zullen - voorschrijven - wat tabletjes - tegen - maagpijn
3. Daarna - moeten - ik - medicijn - apotheek - halen
4. Omdat - ik - buikpijn - hebben - moeten - ik - veel - thee - drinken
5. Als - je - kiespijn - hebben - mogen - je - niet - snoepen
6. Ik - hoofdpijn - hebben - want - ik - hebben - niet genoeg - slapen
7. Ik - voelen - mij - niet - lekker - hoewel - ik - geen - koorts - hebben
8. Ik - moeten - ochtendgymnastiek doen - want - ik - hebben - pijn in mijn rug

6 Leseverstehen

Lesen Sie auf der nächsten Seite den Monolog zum Thema „Wohlstandskrankheit" und ordnen Sie dann die niederländischen Begriffe ihren deutschen Entsprechungen zu.

1.	een dijk van een inkomen	a.	zwei nette Kinder
2.	een riante oudedagsvoorziening	b.	Man könnte sagen, dass ...
3.	een leuk stel kinderen	c.	eine ansehnliche Altersvorsorge
4.	gezond als een vis zijn	d.	meckern
5.	kwaaltjes en pijntjes	e.	ein bisschen fröhlich
6.	Daar is allemaal niks mis mee.	f.	kerngesund sein
7.	mopperen	g.	Wehwehchen
8.	Je kan wel stellen dat ...	h.	Soweit alles bestens.
9.	een beetje blij	i.	ein dickes Einkommen

Ik heb een fantastische baan met een dijk van een inkomen en een riante oudedagsvoorziening. Mijn vrouw en ik hebben een prima huwelijk en een leuk stel kinderen. Allemaal zijn we gezond als een vis, geen kwaaltjes, geen pijntjes, ook geen zorgen, behalve dan waar we nu weer heen moeten met vakantie, want we hebben alles al zo'n beetje gezien. Maar ach, we kunnen nog altijd naar ons tweede huisje in de Ardeche: even de drukte van alledag ontvluchten met een groot glas Pernod op het terras. En anders blijven we gewoon thuis, toch? 'n Beetje aquarelleren en fitnessen. Of internetten. Daar is allemaal niks mis mee. Dus we mogen beslist niet mopperen. Je kan wel stellen dat wij enorme geluksvogels zijn. Maar heeft u nou niet iets waardoor ik ook nog een beetje blij word, dokter?

7 Erzählen Sie die Geschichte nach.

Setzen Sie zuerst die deutschen Entsprechungen der folgenden niederländischen Wörter ein.

schooltas	....	schommelen, wiegen	....
plafond	....	voorlezen	....
hangen	....	terugkomen	....

Setzen Sie die passende Verbform ein.

Setzen Sie die folgenden Wörter in den Text ein.

toenam · zijn gepubliceerd · werd ... gemeten · inspringen
gaven ... aan · waren · betekent · kwamen

A-Z

Surfen op internet maakt depressief

Gebruik van het internet maakt mensen depressiever en eenzamer. Tot deze conclusie .... onderzoekers van een Amerikaanse universiteit. Deze uitkomst, na een studie van twee jaar, kwam onverwachts voor de ontwerpers en de financierende instanties. De resultaten .... in het wetenschappelijke tijdschrift The American Psychologist. Aan het begin en het eind van de studie .... het psychologische welbevinden van de proefpersonen .... via een gebruikelijke vragenlijst. Ook .... de deelnemers .... hoeveel minuten per dag ze met hun gezinsleden doorbrachten. Daarnaast werd vastgelegd hoeveel tijd ze on line .... Het resultaat was dat een uur per week doorbrengen op het internet thuis, ertoe leidde dat de depressiescore met 0,03 .... op een schaal van 0-3, en de eenzaamheidsscore met 0, 02 op een schaal van 1-5. Hoewel de gemeten effecten niet bijzonder groot zijn, en er per proefpersoon grote variaties optreden, zijn de uitkomsten volgens de leider van de studie, Robert Kraut, wel statistisch significant.

Het Amerikaanse onderzoek .... een onaangename verrassing voor degene die het interactieve internet sociaal superieur achten aan passieve media als televisie en video. Een kop koffie met een vriend of .... als babysit voor een collega, aldus Kraut, zijn zaken waarin het virtuele internet nu eenmaal niet voorziet.

Les 19

9 Übersetzen Sie die folgenden Sätze ins Niederländische.

1. Kann ich einen Termin für heute Nachmittag ausmachen?

2. Ist es dringend, Frau Hansen, denn wir haben heute keine Sprechstunde?

3. Ich bin seit zwei Tagen stark erkältet.

4. Ich vermute, dass Sie eine ordentliche Grippe haben.

5. Wann sind Sie zum letzten Mal beim Zahnarzt gewesen?

6. Ich habe starke Bauchschmerzen - darum wollte ich eben vorbeikommen.

7. Warum? Weil ich starke Zahnschmerzen habe.

10 Hörverstehen  64

Hören Sie das Interview und beantworten Sie die Fragen.

1. Wat is er met meneer De Smet gebeurd?

2. Welke klachten heeft hij?

3. Waar / Wanneer is het ongeluk gebeurd?

4. Hoe is het ongeluk gebeurd?

5. Waat heeft meneer De Smet volgens de dokter?

6. Welke adviezen geeft de dokter aan meneer De Smet?

A-Z

11 **Leseverstehen**

Lesen Sie folgende Zeitungsartikel.

a) Wie viele Beschwerden und Krankheiten werden in den folgenden Texten erwähnt? Unterstreichen Sie sie.

Rembrandt was ziek

Een zelfportret van Rembrandt uit 1659 dat hangt in de National Gallery of Art in Washington toont een man met ernstige gezondheidsproblemen. Dat stelt een Colombiaanse hoogleraar Carlos Espinel, een arts gespecialiseerd in het stellen van diagnoses uit kunstwerken. Uit de analyse van de ogen blijkt volgens hem dat de Nederlandse meester een te hoog cholesterolgehalte had, wat tot aderverkalking kan leiden. Gezien de negen rode vlekjes op Rembrandts gezicht, kampte de schilder verder met de huidziekte rosacea. Dat is een acne-aandoening die veel voorkomt bij ouder wordende blanke mannen. Een opgezwollen bloedvat op Rembrandts voorhoofd duidt op artritis, wat gepaard gaat met ernstige hoofdpijnen, vermoeidheid en spierpijn. Espinel, verbonden aan de universiteit van Georgetown, publiceerde dit in het medisch tijdschrift The Lancet. De hoogleraar ontdekte eerder polio bij een bedelaar van Masaccio en reuma bij een cupido van Caravaggio.

Elfstedentocht

Circa 2.000 schaatsers raakten op 4 januari 1997 gewond bij de Elfstedentocht. Ruim 800 schaatsers hadden last van bevriezingen, van de ogen (660) tot de penis (3). Daarnaast waren er rijders met botbreuken (55), hoofdwonden (39), ontwrichte ledematen (19), hartproblemen (4) en een dwarslaesie. Eén man overleed aan een hartinfarct. Artsen van het Medisch Centrum Leeuwarden meldden dit in het Nederlands Tijdschrift voor Geneeskunde.

Les 19

b) Suchen Sie Synonyme im ersten Text für die folgenden Wörter und Ausdrücke.

1. ziekte ....
2. laat zien ....
3. lijkt te zijn ....
4. vaak te vinden is ....
5. dik ....
6. vond ....
7. samen met ....
8. professor ....

Bij de Chinees

Erläuterungen

Nationalitäten

Neben dem Ländernamen muss noch die Bezeichnung des männlichen Einwohners eines Landes gelernt werden, denn davon werden in vielen Fällen das Adjektiv (+ *-s*) und die Bezeichnung des weiblichen Einwohners (Adj. + *-e*) abgeleitet:

männlicher Einwohner	*Griek*	*Italiaan*	*Amerikaan*	*Zwitser*
Adjektiv	*Grieks*	*Italiaans*	*Amerikaans*	*Zwitsers*
weiblicher Einwohner	*Griekse*	*Italiaanse*	*Amerikaanse*	*Zwitserse*

In anderen Fällen hat die Bezeichnung für den männlichen Einwohner die Endung ***-er***:

männlicher Einwohner	*Duitser*	*Nederlander*	*Oostenrijker*
Adjektiv	*Duits*	*Nederlands*	*Oostenrijks*
weiblicher Einwohner	*Duitse*	*Nederlandse*	*Oostenrijkse*

In einigen Fällen hat die Bezeichnung für den männlichen Einwohner die Endung ***-man***:

männlicher Einwohner	*Fransman*	*Engelsman*
Adjektiv	*Frans*	*Engels*
weiblicher Einwohner	*Française(!)*	*Engelse*

Weitere Formen s. Lehruch S. 168 oder Ihr Wörterbuch.

▷ Die **Sprache** des Landes = ***het*** + **Adjektiv:** *het Nederlands, het Duits*

Pluralbildung

Die meisten Bezeichnungen für männliche Einwohner eines Landes bilden ihren Plural durch das Anhängen der Endung ***-en***. Formen auf *-er* erhalten ein ***-s*** im Plural, bei Nationalitäten auf *-man* hängt man die Endung ***-en*** an das Adjektiv. Daneben ist die Umschreibung *„een man/iemand uit ...“* möglich.

Grieken	*Italianen*	*Amerikanen*	*Zwitsers*
Duitsers	*Nederlanders*	*Oostenrijkers*	
Engelsen			

Eine Umschreibung ist bei der weiblichen Form eher die Regel:

Nederlandse vrouwen

Besonderheit bei der Bildung

Adjektive auf *-ees*, die von geographischen Namen abgeleitet werden, behalten das stimmlose *s* in der deklinierten Form:

Chinees → *de Chinese keuken*

Dies gilt auch für die weibliche Form des Substantivs *(de Chinese)*. Vergleichen Sie dazu die Pluralform (das stimmlose *s* wird wie üblich zwischen Vokalen zum stimmhaften *z*):

de Chinees → *de Chinezen*

Übungen

1 Ergänzen Sie die Tabelle.

Nr.	Land	Adjektiv	Einwohner	Einwohnerin
1	Nederland		Nederlander	
2	Duitsland	Duits		
3	België		Belg	
4	Griekenland	Grieks		
5	Engeland			
6	Denemarken			
7	Zwitserland		Zwitser	
8	Italië			Italiaanse
9	Spanje			
10	Turkije	Turks		
11	Rusland			
12	Frankrijk		Fransman	
13	Portugal	Portugees		
14	Oostenrijk			

Les 20

2 Tragen Sie die Ländernamen aus Übung 1 in die Karte ein.

3 Kombinieren Sie.

water · koekjes · meubelzaak · warenhuis · auto · krant · bedrijf · bank

Zweeds · Nederlands · Amerikaans · Belgisch · Duits · Engels · Italiaans · Chinees

① IKEA

② 

③ deBijenkorf

④ 

⑤ 

⑥ THE TIMES

⑦ 

⑧ 

1. IKEA is een Zweedse ...
2. Dat is een ...
3. ...
4. ...
5. ...
6. ...
7. ...
8. ...

4 Lösen Sie das Rätsel.

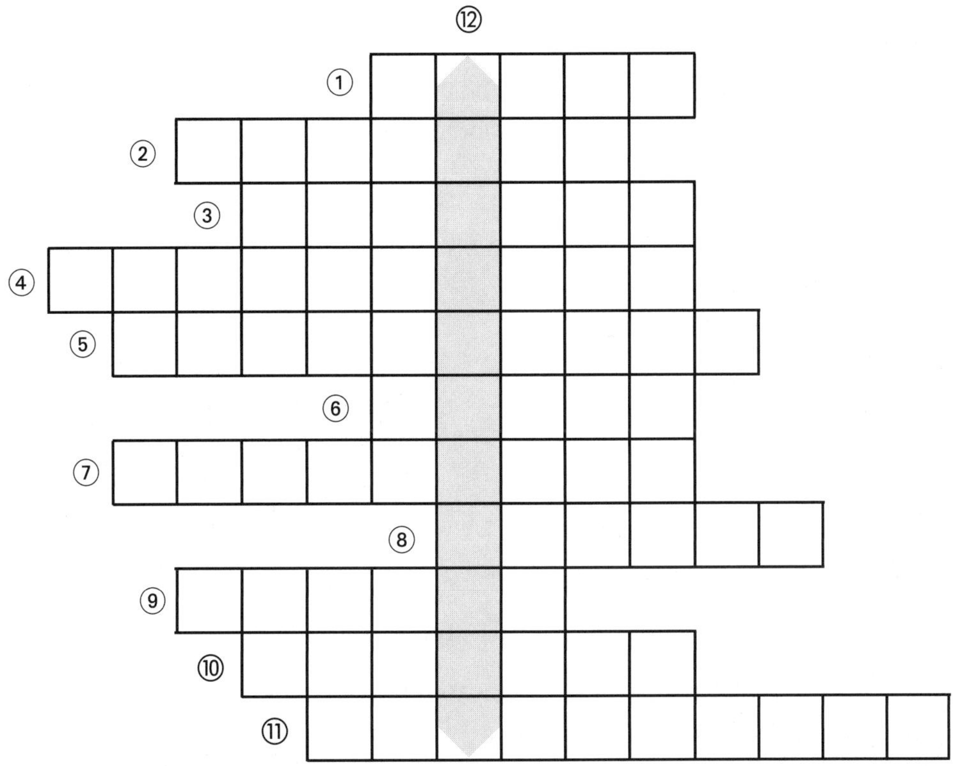

1. opvang van vluchtelingen
2. iets wat je vertelt
3. een lekker hapje uit China
4. om te lachen, stom
5. een echt Nederlands gerecht
6. het is ~ noch vis
7. iemand uitnodigen, de rekening betalen
8. anders, niet van hier
9. politiek
10. een man uit een bepaald land in Azië
11. goed te verstaan
12. maatschappij, gemeenschap

5 Finden Sie das Gegenteil.

interessant	....	zout	....	gezond	....
veel	....	vraag	....	nat	....
warm	....	snel	....	hoger	....
binnen	....	met	....	meer	....
kort	....	actief	....	eind	....

6 Bringen Sie die Wörter in die richtige Reihenfolge.

1. en - Kuiper - zijn - willen - eten - Meneer - vrouw - gaan - uit

2. bestelt - twee - Als - mevrouw - loempia´s - voorgerecht - Kuiper

3. behalve - Duits - Postma - Nederlands - Mevrouw - nog - en - Engels - spreekt

4. Chinees - heel - Nederlanders - De - bij - meeste - de - graag - eten

5. zijn - jaar - geleefd - heeft - Meneer - vijf - in - in - Suriname - Brouwers - jeugd

6. er - ingaan - lekkere - zal - nog - loempia - Een - wel

7. met - liefst - ik - nasi - portie - Het - kroepoek - goreng - een - eet

7 Übersetzen Sie die folgenden Sätze ins Niederländische.

1. Ich platze!

2. Die meisten Touristen in Spanien kommen aus Deutschland.

3. In einem chinesischen Restaurant isst man mit Stäbchen.

4. Ich sterbe vor Hunger.

5. Käse, Gemüse und Tulpen sind typisch niederländische Produkte.

6. In Belgien wird Französisch, Niederländisch und Deutsch gesprochen.

7. Sprichst Du außer Deutsch und Englisch noch eine andere Fremdsprache?

8 Kreuzworträtsel

Versuchen Sie nun selbst anhand des Wortschatzes in Lektion 20 ein Kreuzworträtsel zu erfinden. Fragen Sie dann andere in Ihrem Kurs, ob sie tauschen möchten.

9 Leseverstehen

Lesen Sie den folgenden Text:

Verbale discriminatie

In het Amsterdamse stadsdeel Zuidoost mogen ambtenaren en bestuurders het woord 'allochtoon' niet meer gebruiken. De stadsdeelraad heeft hiertoe een motie aangenomen van het deelraadslid Y. Olf (Groenen). De ambtenaren krijgen binnenkort te horen dat zij in het vervolg 'etnische minderheid' in de ambtelijke stukken moeten schrijven. Volgens de deelraad wordt de term allochtoon door velen in Zuidoost als zeer kwetsend ervaren.

Versuchen Sie nun, ohne Wörterbuch, die niederländischen Bezeichnungen folgender Wörter in dem Text zu finden.

1. Stadtteil, -viertel ....
2. Verwaltungsangestellten ....
3. Bezirksrat ....
4. in Zukunft, fortan ....
5. amtliche Unterlagen ....
6. verletzend, kränkend ....
7. empfinden ....

10 Hörverstehen 65

Hören Sie den Text und erzählen Sie die Geschichte nach.

Leseverstehen

a) Lesen Sie den Text und beantworten Sie die Fragen.

De scheepvaart was voor Nederland steeds heel belangrijk. Enkele eeuwen geleden ontdekten ze met hun houten zeilschepen nieuwe landen. In de Gouden Eeuw (17e eeuw) werden Indonesië, dat vroeger Nederlands-Indië heette, en andere landen in Zuidoost-Azië als belangrijke handelsgebieden gebruikt. In deze landen richtten de Nederlanders handelskantoren op.

De schepen die naar het oosten voeren, hoorden bij de VOC, de Verenigde Oost-Indische Compagnie. De VOC werd in 1602 door kooplieden gesticht. Zij bestond bijna 200 jaar. De kooplieden die in dienst van de VOC stonden, waren sterk omdat ze samenwerkten. Wie niet lid van de VOC was, mocht in Azië geen handel drijven.

Het leven aan boord was moeizaam. Er was weinig plaats voor de matrozen. Terwijl zij een verblijfplaats ergens aan boord moesten vinden, hadden de officieren hun eigen kamers. Alleen de reis naar Indonesië duurde acht tot tien maanden - de schepen moesten om de zuidkust van Afrika heen varen. De belangrijkste goederen waren o.a. porselein, zijde, koffie, thee, suiker, cacao, tabak en rijst.

1. Wat gebeurde er tijdens de Gouden Eeuw?
2. De kooplieden moesten lid van een vereniging zijn: van welke?
3. Hoe was het leven aan boord?
4. Hoelang duurde een reis naar Indonesië?
5. Wat brachten de kooplieden naar Europa mee terug?

b) Können Sie einen Vorschlag für eine Überschrift zu diesem Text machen?

Test 4
S. 178

Anhang

Test zu den Lektionen 1-5

I Kreuzen Sie die richtige(n) Lösung(en) an.

1. Waar kom je ...
   a) van?
   b) vandaan?
   c) vandaag?

2. ... u Duitse?
   a) Bent
   b) Ben
   c) Zijn

3. ... heet jij?
   a) Wie
   b) Wat
   c) Hoe

4. Hoe gaat het met ...?
   a) jou
   b) je
   c) jij

5. ... ik me even voorstellen?
   a) Kan
   b) Moet
   c) Mag

6. Wat is ... adres?
   a) uw
   b) u
   c) het

7. ... zijn twee vrouwen op de foto te zien.
   a) Dat
   b) Er
   c) Hoeveel

8. Mijn man is ... slordig.
   a) best
   b) helemaal niet
   c) een beetje

9. ... klasgenoten vergeet ik nooit!
   a) Dit
   b) Die
   c) De

10. Jullie zijn de beste ...!
    a) collegas
    b) collegen
    c) collega's

11. ... het douchen kleed ik me aan.
    a) Op
    b) Na
    c) Naar

12. Ik eet ... boterhammen met pindakaas bij het ontbijt.
    a) meestal
    b) eruit
    c) zich

Test zu den Lektionen 1-5

2 Kreuzen Sie die passende(n) Erwiderung(en) an.

1. Dag, ik ben Lucie Philips.
   a) Ja, dat klopt.
   b) Ik ben Wolf Clement.
   c) Wolf Clement. Prettig met u kennis te maken.

2. Hoi, Tim. Hoe gaat het ermee?
   a) Prima, en met jou?
   b) Dank u.
   c) Niet zo best.

3. Goedemorgen!
   a) Goedemorgen!
   b) Hallo
   c) Prettig met u kennis te maken.

4. Bent u Nederlander?
   a) Ja, jij ook?
   b) Ja, ik kom uit Arnhem.
   c) Nee, ik ben Duitser.

5. Waar kom je vandaan?
   a) Uit de buurt van Utrecht.
   b) Uit Amsterdam.
   c) Nee, ik kom uit Groningen.

6. Kunt u dat even spellen?
   a) M-o-l-l-a-y.
   b) Ja, dat klopt.
   c) Hartstikke goed!

7. Hoe is ze?
   a) Volgens mij is ze Nederlandse.
   b) Wie bedoel je?
   c) Ik ben een beetje slordig.

8. U zit op mijn plaats.
   a) Dat geeft niets.
   b) Sorry.
   c) Even kijken. Ja, je hebt gelijk.

9. Hoeveel mensen zijn er?
   a) Er zijn er vijf.
   b) Er is maar één persoon.
   c) We hebben er twee.

10. Wat doen jullie 's avonds?
    a) Nou, soms kijken we tv.
    b) Na het eten bedoel je?
    c) We gaan om 11 uur naar bed.

11. Nederlanders drinken graag koffie.
    a) Zeg dat wel!
    b) Hou maar op!
    c) Jawel!

12. Ik moet om vijf uur opstaan.
    a) Dat kan ik niet!
    b) Dat mag ik niet.
    c) Dat wil ik niet.

Test zu den Lektionen 6-10

Kreuzen Sie die richtige(n) Lösung(en) an.

1. Gisteren ... ik niet op tijd ...
   a) ben ... opgestonden
   b) heb ... opgestaan
   c) ben ... opgestaan

2. ... u al koffie ...?
   a) Hebt ... gezet
   b) Heeft ... gezet
   c) Hebt ... gezetten

3. Wat ... u vanmorgen ...?
   a) heeft gedaan
   b) bent geweest
   c) heb gedaan

4. Zij is ... 1954 geboren.
   a) in
   b) –
   c) op

5. ... ben ik bij haar op de koffie geweest.
   a) Altijd
   b) Twee weken geleden
   c) Nogal

6. In het ziekenhuis heb ik een aardige ... gehad.
   a) verpleegster
   b) verpleger
   c) arts

7. ... het jullie hier in Duitsland?
   a) Vinden
   b) Bevalt
   c) Bevallen

8. Ik werk niet ... kantoor maar thuis.
   a) in
   b) op
   c) bij

9. ... wij de pizzalijn bellen?
   a) Zullen
   b) Doen
   c) Worden

10. Gaat u alsmaar rechtdoor, dan bent u ... al.
    a) dat
    b) er
    c) het

11. Ga je ... naar de bioscoop?
    a) vaak
    b) graag
    c) leuk

12. Wij gaan met de trein ... het goedkoper is.
    a) hoewel
    b) want
    c) omdat

Test zu den Lektionen 6-10

2 Kreuzen Sie die passende(n) Erwiderung(en) an.

1.	Wanneer heb je gegeten?	a) Over een uur. b) Ik heb nog niet gegeten. c) En jij?
2.	Is hij op tijd opgestaan?	a) Ik denk het wel. b) Om zeven uur. c) Soms wel.
3.	Wij zijn in 1983 naar Duitsland gekomen.	a) Waar hebben jullie gewoond? b) Ik moet thuis blijven. c) Hartelijk gefeliciteerd!
4.	Ben je voor het eerst in Nederland?	a) Ja, jij ook? b) Nee hoor. c) Het bevalt me hier goed.
5.	Wat voor werk doen jullie?	a) Ze zijn administratieve medewerksters. b) Ze is verpleegster. c) Wij zijn momenteel werkloos.
6.	Meneer?	a) Twee cola graag. b) En mijn spa nog. c) Ik krijg langzamerhand trek.
7.	Smakelijk eten!	a) Laat maar zitten. b) Eet smakelijk! c) Ik wil graag afrekenen.
8.	Bent u hier bekend?	a) Oké, bedankt. b) Weet u misschien waar de VVV is? c) Sorry, wat zegt u?
9.	Zullen wij ergens gaan zitten?	a) Wat zeg je? b) Dat is een leuk idee! c) Alstublieft.
10.	Hoe kom ik naar het station?	a) Nou, u kunt met de bus gaan. b) Ze is hier in de buurt. c) Dat is de tweede straat aan uw linkerhand.
11.	Zijn er interessante bezienswaardigheden?	a) Zeg dat wel! b) Dat weet ik niet. Ik woon hier pas een maand. c) Ja, alsmaar rechtdoor!
12.	Ga je graag naar de bioscoop?	a) Ja, maar ik doe het toch niet zo vaak. b) Ik winkel niet zo graag. c) Nee, ik blijf liever thuis.

Test zu den Lektionen 11-15

Kreuzen Sie die richtige(n) Lösung(en) an.

1. Wij … volgend jaar verhuizen.
   a) gaan
   b) willen
   c) durven

2. Wat ben je nu … plan?
   a) voor
   b) van
   c) met

3. Komen jullie een hapje …?
   a) meeëten
   b) meeten
   c) mee-eten

4. Wat is ze … het doen?
   a) aan
   b) in
   c) met

5. Kon je al lezen … je met school begon?
   a) toen
   b) als
   c) waar

6. … gingen we vaak schaatsen.
   a) 's Winters
   b) s'Winters
   c) 'S winters

7. Heleen … boodschappen te doen.
   a) kan
   b) loopt
   c) gaat

8. Wanneer … je …?
   a) heb … jarig
   b) ben … jarig
   c) heb … verjaardag

9. Die … je helemaal niet uit te nodigen!
   a) moet
   b) hoef
   c) sta

10. Dat is de ober … ik ken.
    a) dat
    b) die
    c) wat

11. Voor mij … de dagschotel.
    a) liever
    b) alstublieft
    c) graag

12. Dit pak is heel …
    a) netjes.
    b) goeds.
    c) afgeprijsd.

Test zu den Lektionen 11-15

2 Kreuzen Sie die passende(n) Erwiderung(en) an.

1. Wat zijn jullie van plan?	a) Ik verhuis naar Naarden. b) We gaan vrienden opzoeken. c) Jammer genoeg!
2. Hoi, Toni, hoe is het?	a) Ik ben aan het koken. b) Hou op, ik heb het hartstikke druk! c) Lekker.
3. Wat zijn jullie aan het doen?	a) We zijn aan het schilderen. b) We gaan naar Parijs. c) We kunnen jammer genoeg niet.
4. Doe de groeten aan Harrie.	a) Dat is waar! b) Ja, bedankt. c) Zal ik doen. Doei!
5. Met z'n hoevelen waren jullie thuis?	a) Groot en gezellig. b) Met z'n vieren. c) Met mijn vrienden.
6. Wat deed ze na school?	a) Ze speelden met zijn broers. b) Ze maakte haar huiswerk. c) Ze mocht niet komen.
7. Hoe was het weer?	a) Het was vrij helder. b) Vanmorgen was het wat frisser. c) Stormachtig.
8. Jette is in gesprek.	a) Dat wist ik niet. b) Probeer je het later? c) Hoezo niet?
9. Ik moet vandaag overwerken.	a) Nou, vraag het aan Gijs. b) Wat vervelend! c) Loop niet zo te zeuren!
10. Wat neem jij?	a) Ik zit net te denken. b) Dat is wat voor mij! c) Biefstuk met aardappels. En jij?
11. Zullen we ergens gaan eten?	a) Laat maar zitten. b) Ik heb geen honger. c) Dat is nou een goed idee!
12. Kan ik u helpen?	a) Kan ik dit even passen? b) Heeft u dit een maat kleiner? c) Wat kost dit?

Test zu den Lektionen 16-20

Kreuzen Sie die richtige(n) Lösung(en) an.

1. Zijn de perziken in de ... ?
   a) proeven
   b) aanbieding
   c) kleintjes

2. ... kost die?
   a) Hoeveel
   b) Wat
   c) Wie

3. Ik ... graag een bungalow hebben.
   a) wil
   b) zou
   c) zal

4. Kunt u mij de reservering ... ?
   a) boeken
   b) maken
   c) bevestigen

5. Zouden jullie een vakantiehuis ... ?
   a) huren willen
   b) willen huren
   c) hebben willen

6. Ogenblik, ik verbind u ...
   a) met haar.
   b) samen.
   c) door.

7. Van welk spoor ... de trein?
   a) vertrekt
   b) gaat
   c) rijdt

8. Ik ... door meneer Balsma afgehaald.
   a) word
   b) werd
   c) woord

9. Heb je al je kaartje ... ?
   a) gekoopt
   b) gekocht
   c) gekookt

10. Zal ik voor vanmiddag een afspraak ... ?
    a) doen
    b) nemen
    c) maken

11. Ik ben erg verkouden – ... blijf ik thuis.
    a) want
    b) daarom
    c) alhoewel

12. Spreek je ... Nederlands nog andere vreemde talen?
    a) behalve
    b) met
    c) buiten

Test zu den Lektionen 16-20

2 Kreuzen Sie die passende(n) Erwiderung(en) an.

1. Moet ik een nummertje trekken?
   a) Nee hoor.
   b) Ik denk van wel.
   c) Dat wist ik niet.

2. Anders nog iets meneer?
   a) Geef me maar twee taartpunten.
   b) Zijn die peren rijp?
   c) Dat was het voor vandaag.

3. Een pondje tomaten?
   a) Wat kost dat?
   b) Tot volgende week!
   c) Zijn die in de aanbieding?

4. En welk huisje wilt u reserveren?
   a) Wat kost bungalow 24?
   b) Ik zou graag type 2 in Dennenoord willen hebben.
   c) Dat hoeft voor mij niet.

5. Waar logeren jullie?
   a We hebben een leuk appartement gevonden.
   b) Zo ben je toch onafhankelijk.
   c) We gaan kamperen.

6. Ik zou graag met meneer Blok willen spreken.
   a) Ja, dat kan.
   b) Ogenblik, ik verbind u door.
   c) Hoe was uw naam?

7. Moet ik overstappen?
   a) Volgens mij niet.
   b) Is dat met toeslag?
   c) U bent om 16.48 in Haarlem.

8. Kunt u mij de reservering bevestigen?
   a) Ik bel om onze afspraak te bevestigen.
   b) Dat zal ik meteen doen.
   c) Geeft u mij uw faxnummer alstublieft.

9. Wat kan ik voor u doen?
   a) Bent u patiënte bij ons?
   b) Ik ben sinds drie dagen erg verkouden.
   c) Beterschap!

10. Moet ik de rekening nu betalen?
    a) Nee, u hebt een flinke griep.
    b) Ja, en die dient u bij uw ziekenfonds in.
    c) Is het erg dringend?

11. Heb je weleens Indisch gegeten?
    a) Ja, maar ik vond het niet lekker.
    b) Nee, nog nooit.
    c) Ik maak zelf graag saté.

12. Ik rammel van de honger!
    a) Ben je gek? We hebben net gegeten.
    b) Heb je trek in Chinees?
    c) Is dat wat Turks?

Ausspracheübersicht

Vokale

Ein entscheidendes Merkmal der Aussprache des Niederländischen ist der Unterschied zwischen kurzen und langen bzw. halblangen Vokalen, das auch in der Rechtschreibung wiedergegeben wird. Der Unterschied hat nicht nur mit Länge zu tun, sondern auch mit der Spannung und Position der Artikulationsmuskulatur.

Die in der folgenden Übersicht angegebenen Beispiele aus dem Deutschen sind nur Annäherungsversuche an die niederländischen Laute. Die tatsächliche Qualität der niederländischen Vokale, Diphthonge und Vokalverbindungen wird man erst durch Nachahmung in der angegebenen Ausspracheübung zum jeweiligen Laut erringen.

Halblange/lange Vokale

Phonetisches Zeichen	Beschreibung (wie in ...)	Schriftzeichen	Beispiel	Ausspracheübung
[aː]	dass (aber lang)	a, aa	namen, naam	2, S. 11
[eː]	geben	e, ee	geven, geef	1, S. 18; 2, S. 59
[i]	lieb	ie, (y)	lief, baby	2, S. 66
[oː]	Ton	o, oo	kopen, koop	2, S. 74
[øː]	bös	eu	leuk	2, S. 50
[u]	Uni	oe	boek	2, S. 42
[y]	Müde	u, uu	nu, natuur	2, S. 34

Kurze Vokale

phonetisches Zeichen	Beschreibung (wie in ...)	Schriftzeichen	Beispiel	Ausspracheübung
[ɑ]	Dame (aber kurz)	a	van	2, S. 11
[ɛ]	Fett	e	vet	2, S. 59; 1, S. 74
[ɪ]	Kind	i	zin	2, S. 66
[ɔ]	Gott	o, oo	klok	2, S. 74
[ɵ]	(zwischen ö und ü)	u	jullie	2, S. 34
[ə]	Mitte	e	terug	1, S. 74

Diphthonge

Es gibt im Niederländischen auch drei Diphthonge; zwei davon haben keine Entsprechungen im Deutschen.

phonetisches Zeichen	Beschreibung (wie in ...)	Schriftzeichen	Beispiel	Ausspracheübung
[ɛĭ]		ij, ei	kijken, Leiden	1, 2, S.18; 3, S.27
[ʌy]		ui	huis	2, S. 27
[ɑu]	Haus	au, ou	saus, oud	2, S. 81

Ausspracheübersicht

Vokalverbindungen

Es gibt einige fürs Niederländische typische Verbindungen von Vokalen mit den Halbvokalen (ĭ) und (ŭ).

phonetisches Zeichen	Beschreibung (wie in ...)	Schriftzeichen	Beispiel	Ausspracheübung
[a:ĭ]	Hai	aai	lawaai	1, S. 66
[o:ĭ]		ooi	mooi	
[uĭ]		oei	moeilijk	
[e:ŭ]		eeuw	eeuw	
[ɪŭ]		ieuw	nieuw	
[yŭ]		uw	uw,	
[ɑŭ]		auw, ouw	gauw, vrouw	

Siehe auch Ausspracheübung 1, S. 81 zu den Endungen *-tie* und *-tion*.

Konsonanten

Die meisten Konsonanten unterscheiden sich nicht im Wesentlichen vom Deutschen. Hier wird nur auf die wichtigsten Unterschiede hingewiesen, mit den entsprechenden Ausspracheübungen dazu.

g	1, S. 11; 3, S. 27
v / f	1, S. 27
sp / st / sch / schr	1, S. 34; 3, S. 27
s / z	1, S. 42
l	1, S. 50
r	1, S. 59

Aussprache

Assimilation

Manche Konsonanten passen sich einem vorangegangenen oder folgendem Konsonanten an. Hier einige Beispiele aus dem Lehrbuch:

- stimmlos *p* gleicht sich dem stimmhaften *b* an: **opb**ellen ['ɔbɛlə(n)]
  stimmlos *t* gleicht sich dem stimmhaften *d* an: ui**t D**uitsland [ʌy'dʌytslant]

- stimmhaftes *v* wird zum stimmlosen *f* nach *p*: o**pv**angen ['ɔpfɑŋə(n)]

Manche Konsonanten können auch ganz wegfallen, oft *t* nach einem *s*:

Kerstmis	['kersmis]
postzegel	['pɔse:xɛl]
kastje	['kɑʃə]

Liste der Starken Verben

Infinitiv	Imperfekt Singular	Imperfekt Plural	Partizip Perfekt	
bakken	bakte	bakten	gebakken (heb)	backen
beginnen	begon	begonnen	begonnen (ben)	beginnen, anfangen
begrijpen	begreep	begrepen	begrepen (heb)	verstehen
bewegen	bewoog	bewogen	bewogen (heb)	bewegen
bezoeken	bezocht	bezochten	bezocht (heb)	besuchen
bieden	bood	boden	geboden (heb)	bieten
binden	bond	bonden	gebonden (heb)	binden
blijken	bleek	bleken	gebleken (is)	herausstellen
blijven	bleef	bleven	gebleven (ben)	bleiben
breken	brak	braken	gebroken (ben/heb)	brechen
brengen	bracht	brachten	gebracht (heb)	bringen
denken	dacht	dachten	gedacht (heb)	denken
doen	deed	deden	gedaan (heb)	tun, machen
dragen	droeg	droegen	gedragen (heb)	tragen
drinken	dronk	dronken	gedronken (heb)	trinken
durven	durfde	durfden	gedurfd (heb)	sich trauen, wagen
ervaren	ervoer	ervoeren	ervaren (heb)	erleben
eten	at	aten	gegeten (heb)	essen
gaan	ging	gingen	gegaan (ben)	gehen, fahren
genieten	genoot	genoten	genoten (heb)	genießen
geven	gaf	gaven	gegeven (heb)	geben
gieten	goot	goten	gegoten (heb)	gießen
grijpen	greep	grepen	gegrepen (heb)	greifen
hangen	hing	hingen	gehangen (heb)	hängen
hebben	had	hadden	gehad (heb)	haben
helpen	hielp	hielpen	geholpen (heb)	helfen
heten	heette	heetten	geheten (heb)	heißen
houden	hield	hielden	gehouden (heb)	halten
kiezen	koos	kozen	gekozen (heb)	wählen, auswählen
klinken	klonk	klonken	geklonken (heb)	klingen
komen	kwam	kwamen	gekomen (ben)	kommen
kopen	kocht	kochten	gekocht (heb)	kaufen
krijgen	kreeg	kregen	gekregen (heb)	kriegen, bekommen
kunnen	kon	konden	gekund (heb)	können
laten	liet	lieten	gelaten (heb)	lassen
lezen	las	lazen	gelezen (heb)	lesen
liggen	lag	lagen	gelegen (heb)	liegen
lijken	leek	leken	geleken (heb)	scheinen
lopen	liep	liepen	gelopen (ben/heb)	gehen, laufen
moeten	moest	moesten	gemoeten (heb)	müssen

Liste der Starken Verben

Infinitiv	Imperfekt Singular	Plural	Partizip Perfekt	
mogen	mocht	mochten	gemogen (gemoogd) (heb)	dürfen
nemen	nam	namen	genomen (heb)	nehmen
opschieten	schoot op	schoten op	opgeschoten (ben/heb)	sich beeilen
raden	raadde	raadden	geraden (heb)	raten
rijden	reed	reden	gereden (ben/heb)	fahren
scheppen	schiep	schiepen	geschapen (heb)	schöpfen
schijnen	scheen	schenen	geschenen (heb)	scheinen
schrijven	schreef	schreven	geschreven (heb)	schreiben
slaan	sloeg	sloegen	geslagen (heb)	schlagen
slapen	sliep	sliepen	geslapen (heb)	schlafen
snijden	sneed	sneden	gesneden (heb)	schneiden
spijten	speet (het)	-	gespeten (heeft)	leid tun
spreken	sprak	spraken	gesproken (heb)	sprechen
staan	stond	stonden	gestaan (heb)	stehen
sterven	stierf	stierven	gestorven (ben)	sterben
treffen	trof	troffen	getroffen (heb)	treffen
trekken	trok	trokken	getrokken (ben/heb)	ziehen
vallen	viel	vielen	gevallen (ben)	fallen
vechten	vocht	vochten	gevochten (heb)	kämpfen
vergelijken	vergeleek	vergeleken	vergeleken (heb)	vergleichen
vergeten	vergat	vergaten	vergeten (ben/heb)	vergessen
verliezen	verloor	verloren	verloren (ben/heb)	verlieren
vinden	vond	vonden	gevonden (heb)	finden
vliegen	vloog	vlogen	gevlogen (ben/heb)	fliegen
vragen	vroeg	vroegen	gevraagd (heb)	fragen
waaien	woei	woeien	gewaaid (heeft/heb)	wehen
wassen	waste	wasten	gewassen (heb)	waschen
wegen	woog	wogen	gewogen (heb)	wiegen
weten	wist	wisten	geweten (heb)	wissen
willen	wou	wouden	gewild (heb)	wollen
winnen	won	wonnen	gewonnen (heb)	gewinnen
worden	werd	werden	geworden (ben)	werden
zeggen	zei	zeiden	gezegd (heb)	sagen
zien	zag	zagen	gezien (heb)	sehen
zijn	was	waren	geweest (ben)	sein
zitten	zat	zaten	gezeten (heb)	sitzen
zoeken	zocht	zochten	gezocht (heb)	suchen
zullen	zou	zouden	-	sollen, werden
zwemmen	zwom	zwommen	gezwommen (ben/heb)	schwimmen

Grammatikausdrücke Deutsch / Niederländisch

deutsch		niederländisch		Beispiel
Adjektiv	Eigenschaftswort	het adjectief	het bijvoeglijke naamwoord	een ***nieuwe*** computer
Adverb	Umstandswort	het adverbium	het bijwoord	Hij woont ***hier***.
adverbiale Bestimmung	Umstandsbestimmung			Hij woont ***in de buurt***.
Akzent	Betonung	het accent	de klemtoon	maar ***één*** kind
Artikel	Geschlechtswort	het artikel	het lidwoord	***de*** man, ***het*** kind
bestimmt/ unbestimmt			bepaald/onbepaald	***de*** man / ***een*** man
Deklination, Flektion	Beugung	de declinatie	de verbuiging	het klein*e* kind
Diminutiv	Verkleinerungswort	het diminutief	het verkleinwoord	het ***kindje***
Genus	Geschlecht	het genus	het geslacht	
feminin	weiblich		vrouwelijk	de vrouw
maskulin	männlich		mannelijk	de man
neutral	sächlich		onzijdig	het kind
Imperativ	Befehlsform	de imperatief	de gebiedende wijs	Kom!
Infinitiv	Grundform	de infinitief	de onbepaalde wijs	komen
Inversion	Umstellung der Wortfolge	de inversie		Kom jij?
Kasus	Fall	de casus	de naamval	
Subjekt	Satzgegenstand	het subject	het onderwerp	***Ik*** zie hem.
Objekt	Satzergänzung	het object	het voorwerp	Ik zie ***hem***.
direkt		direct	lijdend	Ik geef ***het*** haar.
indirekt		indirect	meewerkend	Ik geef het ***haar***.
Komparativ	Steigerung	de comparatief	trappen van vergelijking	goed - beter - best
Konjunktion	Bindewort	de conjunctie	het voegwoord	en, maar, omdat, ...
Konjunktiv	Möglichkeitsform	de conditionalis	de aanvoegende wijs	Ik ***zou zeggen***
Konsonant	Mitlaut	de consonant	de medeklinker	b, c, d
Negation	Verneinung	de negatie	de ontkenning	Ik kom ***niet***.
Numerus	Zahl	het numerale	het cijfer/getal/telwoord	
Kardinalzahl	Grundzahl	het cardinale	het hoofdtelwoord	1, 2, 3
Ordinalzahl	Ordnungszahl	het ordinale	het rangtelwoord	1e, 2e, 3e
Orthographie	Rechtschreibung	de orthografie	de spelling	s-p-e-l-l-i-n-g
Partizip	Mittelwort	het participium	het deelwoord	
Partizip Präsens	Mittelwort der Gegenwart	het participium van het presens	het onvoltooid deelwoord	komende

Partizip Perfekt	Mittelwort der Vergangenheit	het participium van het perfectum	het voltooid deelwoord	gekomen
Passiv	Leideform	het passief	de lijdende vorm	wordt gedaan
Plural	Mehrzahl	de pluralis	het meervoud	de man - ***de mannen***
Präfix	Vorsilbe	het prefix	het voorvoegsel	ge-, ver-
Präposition	Verhältniswort	de prepositie	het voorzetsel	aan, met
Pronomen	Fürwort	het pronomen	het voornaamwoord	
Demonstrativ-	hinweisendes ~	het demonstratief ~	het aanwijzend ~	dit, dat
Personal-	persönliches ~	het personaal ~	het persoonlijk ~	ik, jij
	betont/unbetont		met / zonder nadruk	jji / je
Possessiv-	besitzanzeigendes ~	het possessief ~	het bezittelijk ~	***mijn*** boek
Reflexiv-	rückbezügliches ~	het reflexief ~	het wederkerend ~	Zij kleed ***zich*** aan.
Relativ-	bezügliches ~	het relatief ~	het betrekkelijk ~	De man ***die*** …
Interrogativ-	Fragewort	het interrogatief ~	het vragend ~	wie, wat, …
	Satz		de zin	Ik zie haar.
	Hauptsatz		de hoofdzin	***Ik weet*** dat ze een zus heeft.
	Nebensatz		de bijzin	Ik weet ***dat ze een zus heeft***.
Silbe	Silbe	de syllabe	de lettergreep	wo-nen
Singular	Einzahl	de singularis	het enkelvoud	***de man*** - de mannen
Substantiv	Hauptwort	het substantief	het zelfstandige naamwoord	man, boek
Superlativ	2. Steigerungsstufe	de superlatief		het beste
Tempus	Zeiten des Zeitworts	de tempus	de werkwoordstijden	
Präsens	Gegenwart	het presens	de (onvoltooid) tegenwoordige tijd	ik ***kom***
Imperfekt	Vergangenheit	het imperfectum	de (onvoltooid) verleden tijd	ik ***kwam***
Futur	Zukunft	het futurum	de onvoltooid tegenwoordige toekomende tijd	ik ***zal komen***
Perfekt	vollendete Gegenwart	het perfectum	de voltooid tegenwoordige tijd	ik ***ben gekomen***
Verb	Zeitwort, Tätigkeitswort	het verbum	het werkwoord	komen
Hilfsverb	Hilfszeitwort	het hulpverbum	het hulpwerkwoord	hebben, zijn
modales ~	Art und Weise bezeichnendes ~	het modale ~		kunnen, mogen, …
reflexives ~	rückbezügliches ~	het reflexief ~	het wederkerend ~	zich aankleden
	schwaches / starkes ~		het zwakke / sterke ~	praten/komen
	trennbares / untrennbares ~		het scheidbare / onscheidbare ~	aankomen/beginnen
Vokal	Selbstlaut	de vocaal	de klinker	a, e, i, o, u, ei/ij, oe

Schlüssel

Lektion 1

2 b

	kurz	halblang/lang
1.	stad	
2.		daar
3.	dat	
4.		plaats
5.	stapje	
6.		vraag
7.		haar
8.		twaalf
9.	achttien	
10.		naar

3

	Oo	oO
1.	luister	
2.		kantoor
3.	komen	
4.		vlakbij
5.		Berlijn
6.		mevrouw
7.		vandaan
8.	Duitser	
9.		cursist
10.	stapje	

4

1. Dag. Ik ben Maurits.
2. En waar kom je vandaan?
3. En waar kom jij vandaan?
4. Nee, ik kom uit Oostenrijk.
5. Goedenavond, zit hier al iemand?
6. Nee hoor, deze stoel is nog vrij.

5

1. Goedemorgen!
2. Dag, ik ben Jaap.
3. Goedemiddag!
4. Tot ziens!
5. Goedenavond, meneer Zandstra.

6

1. hij komt, 2. je bent, 3. ze woont, 4. ga je?
5. het klinkt, 6. ik vertel, 7. heet u?

7

1. woon, 2. kom, 3. kan, 4. is, 5. woont, 6. heet, 7. ga

8

1. hoi, 2. bij, 3. hoe, 4. Nederlands, 5. een

9

1. op, 2. uit, in, 3. aan, 4. met, 5. bij

10

1. Waar woont u/woon jij?
2. Woont u/Woon jij in ...?
3. Zit hier al iemand?
4. Bent u meneer/dr. ...?
5. Komt u/Kom jij uit Nederland?
6. Hoe heet je?
7. Kunt u/Kun je dat even spellen?

11

1. Waar kom je vandaan?
2. Waar woont u?
3. Woont u ook in Nederland?
4. – Ja, maar ik ben in Duitsland geboren.
5. Kun je dat even spellen?
6. Dat klopt!
7. Ik ben op kantoor.

12

	1 U				I 12				C 15
		2 Z 10	I	T	T	E	N 13		U
	3 H 9	IJ			A		A		R
4 B	E	N		6 P	L	A	A	T	S
	T				I		M		I
5 B	E	L	G 11	I	Ë			8 I 14	S
	N		A			7 K	U	N	T

13

1. a) Duitsland.
2. a) Duitsland.
3. b) vlakbij Hengelo.
4. c) in Leiden.
5. b) informeel.

Jan:	Hoi. Zit hier al iemand?
Leonie:	Nee hoor.
Jan:	Ik ben Jan Pieters.
Leonie:	Hallo. Ik ben Leonie de Maas.
Jan:	Kom je uit Nederland?
Leonie:	Nee, uit België. En jij; waar kom jij vandaan?
Jan:	Ik kom uit Duitsland, maar ik ben vlakbij de grens geboren.
Leonie:	O ja; waar?
Jan:	In Bentheim.
Leonie:	En waar is dat?
Jan:	Vlakbij Hengelo.
Leonie:	O ja. Dat is ook niet ver van Osnabrück.
Jan:	Ja, dat klopt.
Leonie:	En woon je daar nog?
Jan:	Nee, nu woon ik in Düsseldorf. En jij?
Leonie:	Ik kom uit Antwerpen maar ik studeer in Leiden.

Lektion 2

1

1. zij, 2. mee, 3. fijn, 4. hij, 5. keek, 6. pijn, 7. rij, 8. geen

2

bij, jij, Berlijn, vrij, hij, zij, Turkije, bleek, bedrijf, vijf

3

	Ooo	oOo	ooO
1.	volgorde		
2.		uitstekend	
3.			positief
4.		vakantie	
5.	afdeling		
6.		natuurlijk	
7.		familie	
8.			argument
9.	vriendelijk		
10.	achternaam		

4

1. Marijke, dit is mijn vriend Tom.
2. Hoe is het met jou?
3. Mag ik even voorstellen?
4. Welkom op de afdeling.
5. Goed, en met u?
6. Met hem gaat het goed.

5

1. werkt, 2. gaat, 3. maakt, 4. boffen, 5.leer, 6. hebben, 7. bellen op, 8. maakt

6

1. Heb, 2. woont, 3. zijn, 4. werk, 5. kom, 6. gaat, 7. maakt

7

1. Mag, 2. kunt/kan, 3. Moet, 4. Kunt, 5. Mogen, 6. kan, 7. moet

8

1. de, 2. de, 3. het, 4. de, 5. het, 6. de, 7. het, 8. het

9

1. Claus spreekt met André.
2. Ruud spreekt met Riet.
3. Leonie spreekt met Eddy.
4. Erik spreekt met Trijntje.
5. Lodewijk spreekt met Jaap.
6. Ronald spreekt met Alfred en Monika.
7. Rob spreekt met Hugo.

10

1. u, 2. ons, 3. hem, 4. je/jou, 5. haar, hen, 6. haar

11

1. op, 2. in, 3. op, 4. met, 5. naar, 6.uit, 7. voor/bij

12

1. geluk, 2. vrouw, 3. u, 4. maken, 5. adres

13

1. Mijn, 2. Mijn, 3. Onze, 4. Zijn, 5. Hun, 6. Haar

14

1. Hoe gaat het met u?/Hoe maakt u het?
2. Waar woont u?
3. Heb je/Heeft u een fax?
4. Ben je hier op vakantie?
5. Kun je/Kunt u dat even spellen?
6. Heb je ook telefoon?

15

			1 C	U 13	R	S	I	S 17	T	
				I				T		
		2 12 G	E	T	A	15 L		8 A	A	19 N
		E		S		E		P		O
		E		T		S		9 J	O	U
3 11 B	O	F	F	E	14 N			E		
U				5 K	E	16 E	R			20 W
U			6 G	E	E	N		10 18 H	O	E
R				N				E		E
4 T	O	T		7 D	O	C	H	T	E	R

16

naam	Van der Veen
voornaam	Laurens
adres	Wilhelminalaan 27, 3495 LV Bosdorp
telefoonnummer	056-456 09 32

Assistente:	Uw naam?
Laurens:	Van der Veen.
Assistente:	Uw voornaam?
Laurens:	Laurens.
Assistente:	En waar woont u?
Laurens:	Wilhelminalaan 27, 3495 LV Bosdorp.
Assistente:	En uw telefoonnummer?
Laurens:	056-456 09 32.
Assistente:	Dank u wel. De dokter komt meteen.

17

1. b) best, 2. a) Erik, 3. c) Nederlands en Duits, 4. b) voor een Duits bedrijf, 5. b)informeel

Erik:	Dag, Annemarie. Hoe is het me je?
Annemarie:	Erik! Goed, en met jou?
Erik:	O best! Ik heb vakantie. Annemarie, dit is mijn vriendin Michelle uit Münster.
Annemarie:	Hallo. Ben je ook hier op vakantie?
Michelle :	Nee, ik werk hier voor een Duits bedrijf.
Annemarie:	Daarom spreek je zo goed Nederlands!
Michelle :	Dank je wel. Het valt best mee.
Erik:	We gaan koffie drinken. Kom je mee?
Annemarie:	Ja, leuk! ... Werk je hier in Rijswijk, Michelle?

18

1. Wat zegt u?
2. Hoe gaat het met jou? - Uitstekend!
3. Leer je ook Nederlands? - Ja, ik probeer het.
4. Mag ik mijn vriend voorstellen?
5. Dat is mijn vriendin Sam.
6. Hoe gaat het met hem? - Het gaat wel.

19

1. de samenvatting , 2. de tekening, 3. de spreekoefening 4. de dialoog, 5. de luisteroefening , 6. de tekst

Lektion 3

1b

1. volgende, 2. vragen, 3. liever, 4. onvriendelijk, 5. vinden, 6. huisvrouw, 7. boffen, 8.opvallen

(**Bitte beachten Sie:** Wenn stimmlose und stimmhafte Konsonanten aufeinander treffen, passen sie sich einander an. Nach dem stimmlosen *s* in *huisvrouw* und dem stimmlosen *p* in *opvallen* wird *v* stimmlos.)

2

uit, Duitser, huis, juist, kruis aan, gebruiken, Europa, uiterlijk, luisteren, uitstekend

4

	Oo	oO
1.	antwoord	
2.		patiënt
3.		vriendin
4.		sportief
5.	grappig	
6.	plaatsje	
7.	zwager	
8.	schoonzus	
9.		gelijk
10.		kwartier

5

1. Hoe heet ze? 2. Volgens mij is ze heel aardig. 3. Wie is je beste vriendin? 4. Hoe ziet ze eruit?

5. Waar komt Margriet vandaan? 6. Ze komt uit een klein plaatsje in de buurt van Gent.

6
1. Bedoel, 2. heet, 3. Draagt, 4. kijken, 5. is, 6. houd, 7. staat, 8. Zegt, 9. staat

7
1. het meisje, 2. de collega, 3. het kopieerapparaat, 4. het plaatsje, 5. de oom, 6. het verschil, 7. het oog, 8. de snor, 9. het type, 10. het boek, 11. de bladzijde, 12. het uiterlijk

8
1. bruine, 2. sportieve, 3. groen, 4. romantisch, 5. klein, 6. witte, 7. knap, 8. aardige, 9. drukke

9
1. knap, 2. lief, 3. helemaal, 4. collega

10

S	L	O	R	D	I	G		A
C		O		R		E		A
H	E	M		A		V	E	R
O				A	V	O	N	D
O	O	G		G		E		I
N			S	T	I	L		G
Z	O	O	N		K	I	F	
U			O			G		
S	P	O	R	T	I	E	V	

11
1. Wie bedoel je?
2. Paul is haar zwager.
3. Dat is mijn nieuwe collega. Zij heet De Vries.
4. Je/Jouw broer is heel aardig.
5. Komen Jan en Ulrike allebei uit Hamburg?
6. Gerrit heeft bruine ogen en lang haar.
7 Hij draagt een bril. Die staat hem goed.
8. Hoe ziet ze eruit? - Sportief.

12
1. Wat is hij voor een type?
2. Waar kom jij/komt hij/zij/u vandaan?
3. Hoe ziet zij eruit?
4. Hoe heten uw vrouw en kinderen?
5. Doet hij aan sport?
6. Wat is haar achternaam?

13
1. a) uitstekend.
2. c) sympathiek.
3. b) blond haar en blauwe ogen.
4. a) sportief.
5. a) leren kennen.
6. b) informeel.

Erik: Hoi, Jan. Hoe gaat het ermee?
Jan: Uitstekend.
Erik. Ik heb gehoord dat je een nieuwe collega hebt. Ze moet wel een aardig meisje zijn?
Jan: O ja, dat klopt. Ze is heel sympathiek.
Erik: En hoe ziet ze d'r uit?
Jan: Ze is groot en slank, zoals mijn vriendin Mieke, je weet wel. En ze heeft lang blond haar en blauwe ogen.
Erik: En is ze sportief of doet ze helemaal niet aan sport?
Jan: Het is niet te geloven, maar ze doet ook nog veel aan sport, het liefst badminton en skiën.
Erik: En ze werkt bij jou op kantoor?
Jan: Ja, maar waarom wil je dat allemaal weten?
Erik: Nou, als het zo'n aardig meisje is, dan zou het toch leuk zijn als je mij eens meeneemt en aan haar voorstelt?
Jan: O, dat bedoel je. 't is geen probleem. Ik bel je dan op.
Erik: Oké. Tot ziens.
Jan: Ajuus.

Lektion 4

2b)

	kurz	halblang/lang
1.	kunnen	
2.		Portugal
3.	nul	
4.		argument
5.	zus	
6.		minuut
7.		buur
8.	geluk	
9.	kus	
10.	stuk	

3

	Ooo	oOo	ooO
1.		provincie	
2.	inwoner		
3.			conducteur
4.			alstublieft
5.			formuleer
6.			inderdaad
7.		vanmorgen	
8.		museum	
9.	dagelijks		
10.			statistiek

4
1. Neemt u me niet kwalijk.
2. Ze reist voor de eerste keer met de trein.
3. Hoeveel broers en zussen heb je?
4. Heb je ook een huisdier?
5. Het is bijna zeven uur.
6. Kunt u me zeggen hoe laat het is?

5
1. Neemt, 2. woont, 3. Ga, 4. kan, is, 5. vertrekt, 6. geloven, 7. duurt, 8. heeft

6
1. Het is negen uur.
2. Het is kwart over vier.
3. Het is vijf over half zes.
4. Het is vijf voor acht.
5. Het is kwart voor elf.
6. Het is zeven over acht.
7. Het is bijna half drie.
8. Het is half acht.
9. Het is vijf voor twaalf.
10. Het is tien over zeven.

7
A: 10 (3.00); B: 1 (4.30); C: 4 (9.10); D: 7 (6.25);
E: 2 (2.40); F:8 (5.55); G: 6 (4.45); H: 5 (11.05);
I: 3 (10.20); J: 9; (12.15)

8
1. Een minuut heeft zestig seconden.
2. April heeft dertig dagen.
3. Een dag heeft 1440 minuten. (duizendvierhonderdveertig)
4. Een jaar heeft twaalf maanden.
5. Een eeuw heeft honderd jaar.

9
1. de minuten, 2. de plaatsen, 3. de dochters, 4. de meisjes, 5. de radio's, 6. de boeken, 7. de jaren, 8. de zoons (zonen), 9. de winkels, 10. de zussen, 11. de appels, 12. de neven, 13. de provincies, 14. de brillen, 15. de steden, 16. de ogen, 17. de woorden, 18. de types/typen, 19. de telefoons/telefonen, 20. de ooms

10
1. Er liggen twee kranten op het bed.
2. Er ligt een laptop op het bed.
3. Er ligt een mobiele telefoon op het bed.
4. Er liggen drie boeken op het bed.
5. Er liggen twee films op het bed.
6. Er liggen twee foto's op het bed.
7. Er ligt een tas op het bed.
8. Er ligt een wekker op het bed.
9. Er staat een kat op het bed.

11
1. Ik heb er ...
2. Er is/zijn er ...
3. Er is/zijn er ...
4. Er zijn er ...
5. Ik heb er ...(, ... broer(s) en ... zus(sen).)
6. Ik heb er ...(, ...)

12
1. auto, 2. neef, 3. gisteren, 4. weekend, 5. vanmorgen

13
1. conducteur, 2. plaatsbewijs, 3. Oostenrijk, 4. grachtenrondvaart, 5. zondag, 6. stamboom

14
1. Neemt u me niet kwalijk, maar dat is mijn plaats.
2. Hoeveel broers heeft u? - Ik heb er twee.
3. De kleine man op de foto heeft een snor.
4. Hoe laat is het? - Het is vijf voor half acht.
5. Mag ik u iets vragen?
6. Wanneer vertrekt de volgende trein naar Den Bosch?
7. Op de foto is alleen maar één vrouw te zien.
8. Hoeveel provincies heeft Nederland? - Twaalf, geloof ik.

15
1. b) Jens Berger.
2. b) Duitser.
3. c) een dorpje in de buurt van Keulen.
4. c) Nederlands en Duits.
5. b) een dochtertje.
6. b) informeel.

Jens Berger:	Mag ik even storen, mevrouw? Is deze plaats nog vrij?
Annie Wouters:	Ja hoor, gaat u maar zitten.
Jens Berger:	Bedankt, mag ik me even voorstellen? Mijn naam is Jens Berger.
Annie Wouters:	Annie Wouters. Mag ik iets vragen?
Jens Berger:	Ja, natuurlijk.
Annie Wouters:	Bent u Nederlander?
Jens Berger:	Nee, ik ben Duitser. Ik kom uit een klein dorpje in de buurt van Keulen.
Annie Wouters:	Maar u spreekt heel goed Nederlands.
Jens Berger:	Dank u. Is dat uw dochtertje?
Annie Wouters:	Ja, dat is Mieke. Ze is pas een jaar oud, maar ze is al heel vaak met de trein gereisd. Heeft u ook kinderen?
Jens Berger:	Ja, ik heb er twee. Twee zoontjes, twee en vijf jaar oud. Ze heten Jan en Kevin.
Annie Wouters:	Daar komt de conducteur.
Conducteur:	Goedemiddag, uw plaatsbewijzen, alstublieft.

Lektion 5

1b)

	s	z
1.		zelf
2.	suiker	
3.		zoeken
4.		zaterdag
5.	sap	
6.		zitten
7.	persoon	
8.	sinaasappel	

2
begroeting, toerist, invullen, moet, moeder, buurt, gevoelig, boek

3

	Oooo	oOoo	ooOo	oooO
1.	dagindeling			
2.				activiteit
3.			overleggen	
4.	avondeten			
5.	sinaasappel			
6.	boterhammen			
7.		onhartelijk		
8.				ongemanierd

4
1. Ben je gek?
2. Hoe ziet je dag eruit?
3. Hou maar op!
4. We gaan ook wel eens uit.
5. Daar ben ik het niet mee eens.
6. Hoe laat staat ze op?

5
1. sta ...op, 2. slaap ... uit, 3. kleed ik me ... aan
4. wast zich, 5. lees, drink, 6. overleggen 7. wil, willen

6
1. tv kijken, 2. cursus, 3. koffie, 4. werken, 5. boterhammen

7
1. naar, 2. na, naar, 3. Na, naar, 4. na, 5. Na, 6. naar, 7. Na, naar

8
1. c, 2. g, 3. a, 4. d, 5. h, 6. b, 7. e, 8. f,

9
1. televisie, 2. kantoor, 3. koffie, 4. opstaan, 5. ontbijten, 6. altijd, 7. luieren, 8. meestal, 9. vakantie

10
1. Meneer Roelofsen staat om zeven uur op.
2. Wij gaan vanavond met vrienden op stap.
3. In de vakantie slaap ik lang en lees de krant.
4. De kinderen komen om 14.00 uur van school naar huis.
5. Bij het ontbijt eet ik broodjes met ham en kaas.
6. Zijn vrouw gaat 's morgens winkelen.
7. Ruud wil een kopje koffie drinken.

11
Jan Pieter staat 's morgens altijd om 7.00 uur op. Eerst gaat hij douchen. Voordat hij zich aankleedt, scheert hij zich nog even en maakt het bed op. Bij het ontbijt eet hij meestal een broodje met hagelslag en hij drinkt het liefst een kopje thee. Hij gaat meestal met de fiets naar kantoor, maar soms gaat hij ook met de bus. Hij werkt tot kwart voor vijf. Als hij 's avonds weer thuis is, is het al 18.45 uur. 's Avonds kijkt hij soms nog tv en drinkt daarbij een pilsje. Jan Pieter gaat meestal om 22.30 uur naar bed.

12
1. Kees drinkt 's morgens altijd koffie.
2. Ik wil soms het ontbijt klaarmaken.
3. Erwin gaat nooit om 10.00 uur naar kantoor.
4. Mijn collega's drinken meestal om 12.00 uur een kopje thee en eten een boterham.
5. Mijn vrouw gaat vaak voor 19.00 uur naar huis.
6. De kinderen willen altijd 's avonds tv kijken.

13
1. Lara staat elke dag om zeven uur op.
2. Zij gaat om kwart over acht naar haar werk.
3. Soms drinkt zij met haar collega's een kopje thee.
4. Zij werkt meestal tot kwart over vijf op kantoor.
5. Daarna gaat zij naar huis.
6. Na het eten kijkt zij met de kinderen soms tv.
7. Zij gaat meestal om kwart voor elf naar bed.
8. Zo ziet de dag van Lara eruit.

14
1. Henk Mulder werkt als computerspecialist bij een handelskantoor in Nijmegen.
2. Van zijn huis naar kantoor is het twintig minuten.
3. Hij staat 's morgens om half zeven op.
4. Hij heeft het dan niet zo druk en kan uitgebreid ontbijten.
5. Bij het ontbijt eet hij broodjes met ham of kaas. Soms eet hij ook muesli.
6. Om elf uur drinkt hij met zijn collega's een kopje koffie.
7. Als hij naar huis gaat moet hij nog boodschappen doen en daarna het eten klaarmaken.
8. Hij gaat meestal om twaalf uur naar bed.

Henk Mulder woont in Arnhem in een klein huisje midden in het centrum van de stad. Hij werkt als computerspecialist op een kantoor in Nijmegen. Dat is zo'n twintig minuten rijden met de auto. Daarom moet hij elke morgen al om half zeven opstaan. Na het opstaan heeft hij dan een uurtje tijd voordat hij naar zijn werk rijdt. Hij heeft het niet druk en hij houdt van een lekker en uitgebreid ontbijt. Bij het ontbijt eet hij het liefst broodjes met ham of kaas, soms eet hij ook muesli. Hij drinkt daarbij elke morgen een kopje koffie en een glas melk. Om half negen begint zijn werk. Om een uur of elf drinkt hij met zijn collega's een kopje koffie. Als hij weer thuis is, is het al zes uur. Dan moet hij nog boodschappen doen en het eten klaarmaken. Na de afwas kijkt hij soms een beetje tv of hij gaat vrienden opzoeken die bij hem in de buurt wonen. Hij gaat meestal niet voor 12 uur naar bed.

Lektion 6

1b

	dunkles *l*	helles *l*
1.		opletten
2.	elkaar	
3.	speel	
4.		spelen
5.		hemel
6.	Ierland	
7.		normaal
8.	willen	
9.		wilt
10.		slecht

2
Europa, leuk, Keulen, steun, sleutel, zussen, serieus, leugentje, deur

3
1. vergeten, 2. gisteren, 3. onhartelijk, 4. afspraak, 5. wegrijden

4
1. Je hebt toch 'zit' gezegd!
2. Ben je vandaag in de stad geweest?
3. Ik ben om half zeven opgestaan.
4. Heb je gisterenavond tv gekeken?
5. Hij is in 1950 geboren.
6. Hartelijk gefeliciteerd met je verjaardag!

5
heeft gemaakt, heeft ingevuld, heeft gespeld, is/heeft gereden, heeft gevraagd, heeft gezegd, heeft gekend, heeft geantwoord, heeft gedronken, heeft verteld, is gegaan, is/heeft gelopen, heeft gesproken, heeft gehad, heeft gedaan, heeft beschreven, heeft gelaten, heeft gewerkt, heeft gezocht, is gebleven, heeft opgebeld, is begonnen, is opgestaan, heeft geslapen, heeft gegeten, heeft gepraat, heeft geluncht, heeft gestaan

6
1. heeft ... gerepareerd
2. ben ... opgestaan
3. Heeft ... gegeven
4. is ... uitgegleden
5. ben ... gebleven
6. Heb ... gezet
7. zijn ... geweest
8. hebben ... gekocht
9. Heeft ... gehad
10. heeft ... genomen

7 (Lösungsvorschlag)
1. Gisteren heeft mijn zus een auto gekocht.
2. Vorige week heb ik de trein genomen.
3. Eergisteren hebben wij de fiets gerepareerd.
4. Het afgelopen weekend ben ik in bed gebleven.
5. Twee weken geleden hebben jullie de nieuwe woorden geleerd.
6. Toen heeft u de koffie gezet.
7. Gisteren is mijn zus naar school gegaan.
8. In 1992 heeft Mieke de fiets gekocht.

8
1. hebben ... genomen, 2. heb ... ontmoet, 3. ben ... gegaan, 4. heeft ... gekocht, 5. ben ... gebleven, 6. is ... geweest, 7. heeft ... bedoeld

9
1. zoeken (unregelmäßig)
2. ontmoeten (unregelmäßig und ohne *ge*-Vorsilbe)
3. vragen (keine trennbare Vorsilbe)
4. morgen (Zeitangabe der Zukunft)
5. geweest (Endung auf *-t*)

10
1. boodschappen doen, 2. tennis spelen, 3. slapen/een dutje doen, 4. uit eten gaan 5. naar de bioscoop gaan, 6. de krant lezen, 7. bezoek hebben, 8. om half negen naar bed gaan, 9. om half vijf opstaan

Wat heb ik in het weekend gedaan? Laat me eens denken. Na ja, wat ik het eerst gedaan heb is boodschappen doen. Daar heb ik door de week nooit tijd voor. Op zaterdagmiddag heb ik met Jan getennist, het was prachtig weer! Daarna ben ik naar huis gegaan en heb een dutje gedaan –'s middags een uurtje slapen – heerlijk! 's Avonds ben ik met mijn vriendin Laura Indisch gaan eten. We houden allebei heel erg van Indisch eten. En later zijn we naar de bioscoop gegaan en we hebben een nieuwe western gezien. Ik vond hem interessant maar Laura helaas niet. Zondagmorgen heb ik rustig de krant gelezen. 's Middags waren er een paar vrienden bij ons op bezoek. En 's avonds ben ik al om half negen naar bed gegaan want ik moest maandagmorgen om half vijf opstaan om naar Parijs te vliegen. Dat was mijn weekend.

11
1. Mevrouw Peters heeft snel Nederlands geleerd.
2. Waarom ben je niet thuis gebleven?
3. Zij heeft haar sokken aangetrokken.
4. Heeft Piet de fiets gekocht?
5. In 1996 heb ik een nieuwe baan gekregen.
6. Haar man heeft zij in 1956 ontmoet.
7. Jij bent gisteren te laat gekomen.
8. Mijn vader is in 1934 geboren.
9. Ik heb in 1993 eindexamen gedaan.
10. Eergisteren heeft Theun een lekke band gehad.

12
1. Ik ben vandaag op tijd opgestaan.
2. Gisteren hebben wij mijn oma in Hengelo bezocht.
3. Ik ben in 1966 in Aken geboren.
4. Mijn vrouw heb ik in 1990 in Keulen ontmoet.
5. Hanny heeft/is mijn verjaardag vergeten.
6. Heb je al iets gegeten?
7. Twee jaar geleden ben ik getrouwd.
8. In 1993 ben ik van Keulen naar Kleef verhuisd.

13
1. Jan Pieter heeft tot zeven uur geslapen.
2. Daarna is hij opgestaan en heeft zich gedoucht en geschoren.
3. Jan Pieter heeft daarna zijn kamer opgeruimd.
4. Bij het ontbijt heeft hij een broodje gegeten en een kopje thee gedronken.
5. Om ... heeft hij boodschappen gedaan.
6. 's Middags heeft hij op de markt groente en vlees gekocht.
7. Na het eten heeft hij op zijn gemak de krant gelezen.
8. 's Avonds is hij met zijn vrouw naar de bioscoop gegaan.

14
1. Kees Mulder is in 1963 in Arnhem geboren.
2. Hij heeft dertien jaar op school gezeten.
3. Zijn oudste dochter heet Marijke.
4. Zijn tweede dochter is nu elf jaar oud.
5. Hij is in 1988 naar Nijmegen verhuisd.
6. Ze hebben hun huis in 1993 verbouwd.

Kees Mulder is in 1963 in Arnhem geboren. Van 1969 tot 1981 heeft hij verschillende scholen bezocht. Hij is een goede leerling geweest. In 1981 heeft hij zijn eindexamen gedaan. In hetzelfde jaar is hij dan met zijn vriendin Miep getrouwd. Hun eerste dochter, Marijke, is in 1984 geboren, hun tweede, Anneke, in 1987. Ze zijn een jaar later naar Zwolle verhuisd waar ze een klein huisje hebben gekocht. In 1991 heeft hij een nieuwe baan gekregen. Hij verdient goed. Twee jaar later hebben ze het huis verbouwd.

Lektion 7

2b

	kurz	halblang/lang
1.	tekst	
2.		heet
3.		meer
4.	mens	
5.	trek	
6.		weet
7.	melk	
8.		heel
9.		formuleer
10.		beetje

3
1. opticien, 2. assistent, 3. boekhouder, 4. chauffeur, 5. agent

4
1. Wat voor werk doe jij?
2. Zijn jullie voor het eerst in Nederland?
3. Nou, dat valt wel mee.
4. Ik ben momenteel huisvrouw.
5. Hoe lang werkt hij daar?
6. Bevalt het jullie hier in Duitsland?

5
1. de kapper, de kapster, de kappers, de kapsters
2. de verkoper, de verkoopster, de verkopers, de verkoopsters
3. de leraar, de lerares, de leraren/leraars, de leraressen
4. de politieagent, de politieagente, de politieagenten, de politieagentes/politieagenten
5. de verpleger, de verpleegster, de verplegers, de verpleegsters
6. de docent, de docente, de docenten, de docenten/docentes
7. de ambtenaar, de ambtenares, de ambtenaren/ambtenaars, de ambtenaressen
8. de arts, de arts, de artsen, de artsen
9. de secretaris, de secretaresse, de secretarissen, de secretaressen
10. de monteur, de monteur, de monteurs, de monteurs
11. de journalist, de journaliste, de journalisten, de journalisten/journalistes
12. de acteur, de actrice, de acteurs, de actrices

6
1. verpleegster, 2. apothekeres, 3. secretaresse, 4. kapster, 5. dokter, 6. docente, 7. groepsleidster, 8. lerares

7
1. f, 2. d, 3. a, 4. e, 5 . h, 6. c, 7. b, 8. g,

8
1. gehoord, 2. gewerkt, 3. opgestaan, 4. begonnen, 5. gevolgd, 6. gekomen, 7. weggereden

9
de kunstenaar - de kunstenaars, de etser - de etsers, het onderwerp - de onderwerpen, de ets - de etsen, het landschap - de landschappen, de polder - de polders, de stad - de steden, de rivier - de rivieren, de boom - de bomen, het schip - de schepen, het detail - de details, de compositie - de composities, het standpunt - de standpunten, het beeld - de beelden, de opleiding - de opleidingen, de cursus - de cursussen, het eindexamen - de eindexamens, de kunstmarkt - de kunstmarkten

10
1. Walter is al vaak in Nederland geweest.
2. Het gaat wel.
3. Het is koud en het regent.
4. Hij moet heel hard werken.

11
1. Ik ben vandaag lekker in bed gebleven.
2. Het weer heeft vandaag niet meegewerkt.
3. Hendrik is bij de KLM begonnen.
4. Heeft Monique een restaurant uitgezocht?
5. Jan heeft een auto gekocht.
6. De dominee heeft me een goed advies gegeven.
7. Heeft ze de buurvrouw bedankt?
8. Is het je in Nederland bevallen?

12
1. Ik heb als secretaresse op kantoor gewerkt.
2. De docenten zijn voor de eerste keer in Duitsland.
3. Zij werkt daar al sinds vijf jaar.
4. Als politieagent heb je je handen vol.
5. Mariska is verpleegster en werkt in een ziekenhuis in Ede.
6. Morgen kun je de hele dag doen wat je wilt.

13
1. c, 2. a, 3. b, 4. a, 5. c, 6. b,

Interviewer:	Meneer De Ruyter, mag ik in het begin eerst even vragen: Waarom bent u leraar?
de Ruyter:	Nou, dat is makkelijk te beantwoorden. Ik werk graag met kinderen.
Interviewer:	Kunt u even iets over uw leven vertellen?
de Ruyter:	Natuurlijk. Ik ben in Naaldwijk geboren, dat is een klein stadje zo'n 15 kilometer van Den Haag. Daar ben ik met mijn ouders en mijn twee broers opgegroeid. In 1973 heb ik dan mijn eindexamen gedaan en – ja – toen ben ik bij deze school begonnen.
Interviewer:	U bent dus nog nooit bij een andere school geweest?
de Ruyter:	Nee. Waarom ook? Hier bevalt het me uitstekend. De leerlingen zijn aardig en de stad is mooi.
Interviewer:	Maar les geven op een andere school kan toch ook interessant zijn?
de Ruyter:	Daar hebt u gelijk in. Maar, ik heb hier toch alles en – ik ken iedereen: de dominee, de groenteboer, de apotheker, de kapper, de arts ... Wat wil je nog meer?
Interviewer:	Een andere vraag: Wat zijn uw hobby's?
de Ruyter:	Ik reis graag. Vooral naar Duitsland.
Interviewer:	Waarom naar Duitsland?
de Ruyter:	Nou, het bevalt me daar goed: de natuur, de steden, de cultuur en noem maar op. Alleen jammer dat het weer soms niet meespeelt.
Interviewer:	Bedankt voor het gesprek, meneer De Ruyter.
de Ruyter:	Graag gedaan.

Lektion 8

2b

	kurz	halblang/lang
1.		prima
2.		Griekenland
3.	beginnen	
4.		rivier
5.	stil	
6.	dinsdag	
7.		dier
8.		lief

3

	Ooo	oOo	ooO
1.		patatkraam	
2.	bitterbal		
3.	borreltje		
4.	eetcafé		
5.	nasihap		
6.	boterkoek		
7.		salade	
8.	pindasaus		

4
1. Ik heb trek in patat!
2. Kijk eens, daar op de hoek.
3. Dat maakt niet uit.
4. Een patat met, alstublieft.
5. Kunnen we afrekenen?
6. Smakelijk eten!

5
1. het straatje, 2. het autootje, 3. het glaasje, 4. het huisje, 5. het spaatje, 6. het tafeltje, 7. het stadje, 8. het briefje, 9. het flesje, 10. het soepje, 11. het woordje, 12. het gedichtje, 13. het uurtje, 14. het winkeltje

6
1. een lief kindje, 2. een lekker soepje, 3. het nieuwe gerechtje, 4. een druk plaatsje, 5. het dikke flesje, 6. een mooi autootje, 7. het oude cafeetje

7
1. het dochtertje, 2. zusje, 3. feestje, 4. broodjes, 5. ijsje, 6. pilsje, 7. kopje koffie

8
1. patat, 2. uitsmijter, 3. tosti, 4. spa, 5. bitterbal, 6. gebak, 7. borrel, 8. frikandel (neben frikadel)

9
de patatkraam - de patatkramen, de friet - de frieten, het eten - het eten, het glas - de glazen, het bier - de bieren, de wijn - de wijnen, de aardappel - de aardappelen, de tomaat - de tomaten, de chocolade - de chocolade, het kruid - de kruiden, de specerij - de specerijen, de asperge - de asperges, het spruitje - de spruitjes, het witlof - het witlof, de doperwt - de doperwten, de kropsla - 2 kroppen sla, het worteltje - de worteltjes, de garnaal - de garnalen, het konijn - de konijnen, de pruim - de pruimen, de croissant - de croissants, het broodje - de broodjes, het taartje - de taartjes, het gebak (Sammelbegriff)

10
a) een koffie verkeerd, c) een nasihap, e) iets kouds, f) patat, h) dat stukje, k) een spa,

11
1. zullen, 2. Zal, 3. Zullen, 4. Zal, 5. Zul/Zal, 6. zult,

12
1. Zullen we vrienden gaan bezoeken?
2. Zullen we gaan eten?
3. Zullen we een kopje koffie gaan drinken?
4. Zullen we een ijsje gaan eten?
5. Zullen we boodschappen doen?
6. Zullen we iets te eten maken?

13
1. Ik heb zin in een grote portie patat.
2. Ja, we drinken iets maar we eten niets.
3. Zullen we ergens gaan zitten?
4. Ik neem appelgebak en een kopje thee.
5. Ben je voor de eerste keer in deze zaak?
6. Kijk eens, daar op de hoek is een snackbar.
7. Hebben jullie al betaald?

14
1. Arno en Margriet willen graag naar een eetcafé gaan.
2. Serge werkt als kelner in het café.
3. Er is nog een tafel voor twee personen vrij.
4. Margriet bestelt een vanille-ijs met slagroom.
5. Arno drinkt een pilsje.
6. Ze moeten € 6,50 betalen.

Serge:	Hallo Arno, hoi Margriet. Jullie hier?
Arno:	Ja, wij willen eens zien hoe hard je werkt. Nee, serieus, Margriet had zin in een ijsje en dit is toch ook een leuk cafeetje hier. Heb je nog een tafeltje voor ons?
Serge:	Hier heb ik nog een leuk tafeltje voor twee personen. Willen jullie al iets bestellen?
Margriet:	Ja, graag. Ik neem een vanille-ijs met slagroom.
Arno:	Voor mij een pilsje graag.
Serge:	Nou, komt eraan.
	...
Serge:	En – heeft het gesmaakt?
Margriet:	Ja, heerlijk. Ik kan elke dag wel ijs eten. En vooral vanille-ijs. Het liefst met veel slagroom.
Arno:	En ik kan elke dag wel een pilsje drinken.
Serge:	Willen jullie nog wat bestellen?
Margriet:	Nee, dank je wel. Kunnen we afrekenen?
Serge:	Ja, zeker. Een ijsje en een pilsje: dat wordt dan zes vijftig bij elkaar.
Arno:	Alsjeblieft. De rest is voor jou.
Serge:	Bedankt en een prettige dag nog.
Margriet:	Dank je wel. Tot ziens.
Arno:	Doei.

Lektion 9

1b

	kurzes e	[ə]
1.	mens	
2.		mevrouw
3.	geld	
4.		schriftelijk
5.		bedrijf
6.	vet	
7.		buitenland

2b

	kurz	halblang/lang
1.	op	
2.		voor
3.	toch	
4.		Oostenrijk
5.		wonen
6.	boffen	
7.	rond	
8.		Noorwegen

3

	Oo	oO
1.	afscheid	
2.	standbeeld	
3.		stadhuis
4.	rechtsaf	
5.	glasbak	
6.		station
7.		plezier
8.	kruispunt	

4
1. Pardon mevrouw, bent u hier bekend?
2. Weet u waar de VVV is?
3. Ja, gaat u hier rechtdoor en dan over de brug.
4. Dank u wel.
5. Even kijken.
6. Graag gedaan hoor!

5

1.	Kom op tijd!	Komt u op tijd, alstublieft!
2.	Vergeet het geld niet!	Vergeet u het geld niet!
3.	Kom eens kijken!	Komt u eens kijken!
4.	Kom binnen!	Komt u binnen!
5.	Ga zitten!	Gaat u even zitten!
6.	Volg me even!	Volgt u me even!

6
de tulp - de tulpen, de klomp - de klompen, de toerist - de toeristen, de stad - de steden, het karakter - de karakters, de instantie - de instanties, het centrum - de centra/centrums, het museum - de musea/museums, de gracht - de grachten, het huis - de huizen, het gebouw - de gebouwen, het monument - de monumenten, de traditie - de tradities, het evenement - de evenementen, de dichtheid - (de dichtheden), de wereld - de werelden, het nummer - de nummers, de architectuur - (–), de kubuswoning - de kubuswoningen, het bloemenland - de bloemenlanden, het bollenveld - de bollenvelden, de narcis - de narcissen, de hyacint - de hyacinten, het bloemenseizoen - (de bloemenseizoenen), het jaar - de jaren, het bloemencorso - de bloemencorso's, de bloemenveiling - de bloemenveilingen, de bezoeker - de bezoekers, het deel - de delen, het land - de landen, het toerisme - (–), de exportwaarde - de exportwaarden, de plant - de planten, de factor - de factoren

7
1: daar, 2: aan de overkant, 3: tegenover de supermarkt, 4: achter de bank, 5: naast de bakkerij, 6: vlakbij de bakkerij, 7: op de hoek, 8: in de Beatrixlaan

8
1. over, 2. tussen, 3. voor/achter, 4. bij, 5. tegenover, 6. in, 7. naar, 8. aan, 9. in, uit, 10. door

9 Lösungsvorschläge
1. Hoeveel kost deze koffie?
2. Waar staat dit standbeeld?
3. Waar heb je dit boek gekocht?
4. Kost deze auto echt € 20.000?
5. Meneer, waar heeft u deze fiets gevonden?
6. Neem je liever dit appelgebak?
7. Hoe oud is deze kerk?
8. Bedoel je dit postkantoor?

10
1. een glas witte wijn
2. deze bruine kast of die blauwe
3. een rood postkantoor
4. een gele auto
5. een groene telefooncel
6. zwarte katten
7. deze paarse broek

11a
Je staat bij A:
Je gaat rechtdoor, dan sla je bij de eerste straat rechtsaf. Nu ga je de eerste straat linksaf en dan ga je rechtdoor. Nu sta je op de Oude Markt. Nu de eerste zijstraat weer naar rechts en direct daarna weer naar links. Bij de volgende straat weer naar rechts. Na ongeveer 100 meter zie je aan de rechterkant de Oude Kerk.

Je staat bij B:
Je loopt rechtdoor, dan de eerste straat naar rechts. Die loop je ook rechtdoor en dan ben je op de Oude Markt. De eerste straat weer naar rechts en dan de volgende naar links. Deze straat loop je rechtdoor. Daar op de hoek zie je dan de VVV.

Je staat bij C:
Je rijdt rechtdoor, dan de eerste straat linksaf. Dan weer rechtdoor, dan ben je op de Oude Markt. Aan de linkerkant zie je het stadhuis.

12
1. Pardon, bent u hier bekend?
2. Kunt u me zeggen waar ik het station kan vinden?/ ... waar het station is?
3. Ja, dat is hier vlakbij.
4. Jullie moeten een klein stukje rechtdoor lopen.
5. De Oude Kerk ligt tegenover het station.
6. Er zijn hier in Delft veel bezienswaardigheden.

13
1. Joke en Piet zijn in Delft.
2. Ze willen naar het zwembad.
3. Nee, de meneer is er ook vreemd.
4. Het zwembad ligt in de Van-Vliet-Straat.
5. Met de fiets duurt het maar tien minuten.

Joke: Pardon, meneer. Ik ben hier niet bekend. Kunt u mij vertellen waar het zwembad is?
Meneer: Nee, helaas niet. Ik ben hier ook vreemd. Het spijt me.
Piet: Dag mevrouw. Kunt u mij de weg wijzen naar het zwembad?
Mevr.: Ja, natuurlijk. Dat ligt in de Van-Vliet-Straat.
Piet: Is dat hier ver vandaan?
Mevr.: Nee, dat is vlakbij. Je rijdt gewoon rechtdoor tot aan de eerste kruising. Daar ga je linksaf en dan na ongeveer 300 meter weer rechtsaf. Aan de linkerkant zie je dan de VVV. Dan weer naar links en direct daarna weer naar rechts. En na ongeveer 100 meter zie je dan het zwembad aan de rechterkant liggen. Met de fiets duurt het hooguit maar tien minuten.
Piet: Bedankt en tot ziens.
Mevr.: Graag gedaan, dag.

Lektion 10

2
1. auto, 2. bijzonder, 3. vriendelijk, 4. bijvoorbeeld

3
1. muziek, 2. tuinieren, 3. natuurlijk, 4. bioscoop, 5. relaxen

4
1. Waarom doe je daar nou zo moeilijk over?
2. Het is zonde van de tijd!
3. Ik doe geen oog dicht in die trein!
4. Dat is niets voor mij!
5. Doe niet zo gek!
6. Gaat u vaak met de trein?

5
1. eerste reis , 2. de derde keer, 3. De negende maand, 4. de achtste klas, 5. de tweede keer, 6. de dertiende etage, 7. het zesde huis, 8. de honderdste keer

6
1. heeft ... gezocht
2. Hebben ... gegeten
3. hebben ... gehad
4. is ... opgegroeid
5. zijn ... gekomen
6. Is ... geweest
7. is ... gereisd
8. heb ... gekocht

7
1. ... omdat ik vakantie heb.
2. ... alhoewel we allemaal naar het feestje van Peter gaan.
3. ... omdat ze bang is om te vliegen.
4. ... alhoewel het duur is.
5. ... omdat het water te koud is.
6. ... omdat zij erg van pizza houdt.
7. ... omdat er zo veel water in Nederland is.
8. ... alhoewel er niets te eten is.

8
1. De schaatsers staan
2. vertrekken de treinen
3. Er zijn geen parkeerplaatsen
4. De reizigers worden
5. De bioscopen zijn
6. staan auto´s
7. Er zijn telefooncellen

9
1. in, 2. Met, 3. over, 4. voor, 5. naar, 6. aan, 7. door, 8. op, 9. om, 10. bij

10
1. nichtjes, 2. een mooi huisje, 3. Het oude cafeetje,
4. een leuk feestje, 5. het bootje, 6. dit stadje,
7. het oude boekje

11
1. Jan Pieter is naar de bioscoop gegaan.
2. Hij heeft het boek Multatuli van Max Havelaar gelezen.
3. Daarna heeft hij nog een brief aan zijn nicht geschreven.
4. 's Avonds is hij naar een restaurant gegaan waar hij met een vriend iets gegeten heeft.
5. Op zondag heeft hij zijn vriendin Diane opgebeld.
6. 's Middags heeft hij een uurtje getennist.
7. 's Avonds is hij nog op bezoek geweest bij tante Truus.

12
1. Thijs en Irene willen naar Wenen reizen.
2. Irene vliegt graag omdat het zo sneller gaat.
3. Thijs gaat liever met de trein alhoewel het de hele dag duurt.
4. Maar in de trein kun je lezen, slapen en naar muziek luisteren.
5. Irene vindt dat dit zonde van de tijd is.
6. Zij heeft geen zin om de hele dag in de trein te zitten.
7. Gaat u vaak met de trein?
8. Ik ga graag naar de bioscoop. En jij?

13
richtig: 1., 2., 3., 4., 6.

Interviewer:	Goedemiddag, meneer. Mag ik u een paar vragen stellen?
Meneer:	Nou, misschien. Waarover gaat het eigenlijk?
Interviewer:	Wij van de „Gelderlander" (wij) willen graag weten wat de mensen hier in Nijmegen in hun vrije tijd doen.
Meneer:	Moet ik daarvoor mijn naam en mijn adres noemen?
Interviewer:	Nee hoor. Dat hoeft niet. Wij vinden alleen maar de antwoorden belangrijk en niet zo zeer wie er geantwoord heeft.
Meneer:	Oké, zegt u het maar.
Interviewer:	Hoe oud bent u?
Meneer:	Ik ben 43.
Interviewer:	Bent u getrouwd?
Meneer:	Ja, sinds 17 jaar.
Interviewer:	Wat doet u in uw vrije tijd?
Meneer:	Eh, ik werk graag met de computer.
Interviewer:	Heeft u nog andere hobby's?
Meneer:	Lezen vind ik leuk, vooral spannende romans.
Interviewer:	Doet u aan sport?
Meneer:	'Tuurlijk. Twee keer per week samen met een collega zwem ik 1000 meter. En bovendien fiets ik bijna elke dag. En af en toe ga ik ook nog volleyballen – maar dat doe ik niet meer zo vaak.
Interviewer:	Anders nog dingen?
Meneer:	Ja, maar dat is geen sport. We hebben thuis een kleine tuin. Daarin werk ik in het weekend samen met mijn vrouw. U ziet, het zijn allemaal heel milieuvriendelijke hobby's.
Interviewer:	Nog een laatste vraag. Vindt u dat er hier in Nijmegen genoeg mogelijkheden zijn om je vrije tijd te besteden?
Meneer:	Dat hangt d'r van af wat je wilt doen. Voor mij zijn er mogelijkheden genoeg. Ik bedoel, ik kan natuurlijk niet voor de jongeren spreken. Misschien willen die wat heel anders doen.
Interviewer:	Dit waren mijn vragen. Bedankt voor het gesprek en tot ziens.
Meneer:	Graag gedaan, hoor. Dag.

Lektion 11

1
1. Morgen gaat Wim naar Den Haag verhuizen.
2. Vanavond gaan we Chinees eten.
3. Volgende maand gaat Hans een nieuwe auto kopen.
4. Overmorgen gaat Ruud zijn broer helpen.
5. Vanaf volgende week gaat hij in Venlo wonen.
6. Dit weekend ga ik mijn fiets repareren.
7. Over een uurtje ga ik thee zetten.
8. Morgen gaat Jan tot 19.30 uur werken.
9. Volgend jaar gaat Anneke aan de marathon deelnemen.

2
1. Wij zijn aan het eten.
2. Ze zijn aan het tennissen.
3. Het kind is aan het ontbijten.
4. Paul is aan het schilderen.
5. Dirk is de keuken aan het opruimen.
6. Kom binnen, we zijn aan het borrelen.
7. Ik ben erwtensoep aan het koken.

3
1. Bart Hendrixx is aan het douchen.
2. Meneer De Meyer is een brief aan het schrijven.
3. Anne en Leo Boes zijn aan het spelen.
4. Mevrouw Tryens is de krant aan het lezen.
5. Wim van den Berg is boodschappen aan het doen.
6. Wilma Eeftink is aan het koken.

4

1.	hoog	hoger
2.	lekker	lekkerder
3.	hard	harder
4.	jong	jonger
5.	graag	liever
6.	snel	sneller
7.	goed	beter
8.	mooi	mooier
9.	veel	meer
10.	groot	groter

5
1. Mijn broer verdient meer dan ik.
2. Ik sta 's morgens vroeger op dan Piet.
3. Bananen zijn duurder dan appels.
4. Mijn vader is jonger dan mijn oom Rinus.
5. Gisteren was het weer beter dan vandaag.
6. Mijn hond is net zo/even lief als mijn kat.
7. Van Gogh is net zo/even populair als Rembrandt.
8. Hier in Nederland is het net zo/even warm als in Duitsland.
9. Claude is net zo/even dun als Karel.
10. Ik ben net zo/even romantisch als mijn vrouw.

6

1. ... maar Nederland heeft meer inwoners per km^2 (dan Duitsland).
2. Duitsland investeert net zo veel in Nederland als Nederland in Duitsland.
3. In Duitsland is de bierconsumptie veel hoger dan in Nederland.
4. Twee keer zo veel Nederlanders gaan met vakantie naar Duitsland dan Duitsers naar Nederland.
5. Er zijn veel meer auto's per inwoner in Duitsland dan in Nederland.
6. Het aantal werklozen is in Duitsland veel hoger dan in Nederland.
7. Nederland exporteert meer waren naar Duitsland dan omgekeerd/andersom.

7

1. twee weken geleden, 2. langer, 3. logeerkamer, 4. sporthal, 5. zitten

8

starke Verben: brengen - ervaren - hebben - lezen - zijn - kunnen - weerstaan - kijken - gadeslaan - schijnen - overblijven - worden - opvallen - krijgen - zien - zeggen - zitten - vinden - tegenkomen - laten
schwache Verben: horen - wonen - bewonderen - storen - maken - betekenen - gebruiken - leiden - leren - regenen - waaien - spelen - hoeven - gebeuren - missen - versterken

9

1. Ons huis heeft vier kamers, keuken, badkamer en toilet.
2. Houd alsjeblieft op, ik heb het hartstikke druk!
3. Ik ben mijn vrienden aan het helpen.
4. Wat ben je morgen van plan?
5. Wij gaan er vrienden bezoeken/opzoeken.
6. Paul gaat vanavond met zijn moeder uit eten.
7. Tot volgende week dan – en veel plezier in Antwerpen.

10

1. c, 2. a, 3. a, 4. c, 5. c, 6.a,

Dave:	Hallo? Met Dave.
Jos:	Hallo Dave. Met Jos. Hoe gaat het ermee?
Dave:	Het gaat wel. Wat ben je aan het doen?
Jos:	Ik ben aan het koken.
Dave:	Jij bent aan het koken? Waarom?
Jos:	Nellie is vandaag jarig.
Dave:	Echt? Is ze thuis? Kan ik haar spreken?
Jos:	Ze heeft vanavond dansles en ze komt pas om acht uur naar huis.
Dave:	Dan probeer ik het morgen nog een keer.
Jos:	Wat ben je van plan vanavond?
Dave:	Ik ga naar de bioscoop. Wat denk je ervan om na de film nog iets te gaan drinken?
Jos:	Het spijt me. Maar dat gaat echt niet.
Dave:	En in het weekend?
Jos:	Sorry hoor, maar Nellie en ik zijn dan op bezoek bij haar zus.
Dave:	Nou jammer dan! Wil je me opbellen als je tijd hebt?
Jos:	Ja. Tot ziens, dag Dave.
Dave:	De groeten – en nog veel plezier met koken.

11

Beste Jeroen,
Hoe denk je erover om in het weekend eens samen te koken? Als je dat niet leuk vindt, kunnen wij ook uit eten gaan. Misschien bij de Chinees? Daarna kunnen wij naar de bioscoop gaan. 's Morgens gaan we dan naar de dierentuin en daarna naar het theater of naar het museum, als je dat beter vindt. Of we maken een uitstapje naar de Waddenzee. Daar kunnen we dan lekker wandelen of fietsen. Bel me toch even op.
De groeten, Hans.

12

1. de wensenlijst, het wensenlijstje, 2. de woningzoekenden, 3. de voorkeur, 4. de ouderwetse boerderij, 5. het rieten dak, 6. het kruisraam, 7. het onderzoek, 8. de voordeur, 9. de ruimte, 10. ruim, 11. de begane grond, 12. het plafond, 13. gaapt een gat, 14. beschikbaar, 15. het huurhuis, 16. de eengezinswoning, 17. het optrekje, 18. een tekort aan, 19. de run, 20. het makelaarskantoor

Lektion 12

1

werkkamer: de computer, de boekenplank, de stoel, het bureau
-> De computer, de stoel en de boekenplank blijven in de werkkamer staan maar het bureau moet familie Langen uit de keuken naar de werkkamer brengen.
slaapkamer: het bed, de klerenkast, het nachtkastje
-> De nachtkastjes blijven in de slaapkamer staan maar het bed en de klerenkast moet familie Langen uit de woonkamer naar de slaapkamer brengen.
woonkamer: de lamp, de bijzettafel, de kast, de makkelijke stoel, de bank, de televisie
-> De makkelijke stoel en de kast blijven in de woonkamer staan maar de lamp, de bijzettafel, de televisie en de bank moet familie Langen uit de keuken, de gang en de werkkamer naar de woonkamer brengen.

2

1. Wij dronken een kopje koffie.
2. Vroeger maakten we elke zondag een fietstocht.
3. Ik schreef een brief aan mijn vriendin toen ze belde.
4. Vorig jaar woonden wij nog in Haarlem.
5. Dit is de kamer waarin ik altijd sliep.
6. Op het bord stond: verboden toegang!
7. We luisterden graag naar de verhalen van mijn grootvader.
8. Op Texel was het deze zomer erg warm.

3

1. Jullie kwamen altijd te laat.
2. Ik zag haar niet.
3. De kinderen wachtten elke morgen op de bus.
4. We reden vaak naar Groningen.
5. Ik had een cursus Nederlands.
6. Kon je echt niet komen?
7. Hij wilde graag dansen maar hij mocht niet.
8. Moest je verhuizen?

4

1. Wij logeerden vaak bij mijn grootouders in Hilversum.
2. Vroeger speelde ik vaak met mijn broer.
3. Opa zat 's avonds altijd in zijn leunstoel.
4. Wilde je niet meegaan naar de bioscoop?
5. Gisteren moest hij op de kinderen passen.
6. Wij schreven een brief aan onze grootouders.
7. 's Avonds gingen jullie nooit op tijd naar bed.

5a
1. d, 2. k, 3. f, 4. e, 5. b, 6. i, 7. h, 8. a, 9. j, 10. c, 11. g

5b
Ik **lag** zoals gewoon in bed tot mijn man lief, maar dringend, **kwam** vertellen dat het tijd **was** om naar mijn werk te gaan. Ik **gromde** dat hij de kinderen uit mijn buurt **moest** houden en **mopperde** waar mijn thee **bleef**. Binnen vijf minuten **was** ik aangekleed. Ik **gaf** mijn kinderen en mijn man een zoen, hij **wenste** me een prettige dag en ik **vroeg** of hij nog even het wasje **wilde** draaien, en ik **stond** buiten.
Ik **reed** toen een minstens tien jaar oude auto met een eigen 'karakter'. Eenmaal aangekomen bij het bedrijfje waar ik toen nog **werkte**, in het centrum van Rotterdam, **vervloekte** ik de afmetingen van mijn auto en **parkeerde** hem half op het trottoir. Op mijn bureau **lag** een briefje van mijn andere werkgever: 'Eén van de teamleiders is ziek. Kan je zaterdag ook werken?' Nou, daar moest ik eens even over nadenken.
Na een lekkere kop thee **begon** ik mijn toenmalige project. Aardrijkskunde in een multimediale vorm voor het basisonderwijs. Het is aantrekkelijker voor de kinderen en stimuleert ze met de stof bezig te zijn. Al snel – drie koppen thee later – **kwamen** de ideeën achter elkaar. Ik **prees** me gelukkig met mijn werk: ik **kon** er veel in kwijt en **kreeg** er veel voor terug (behalve een behoorlijk salaris). Ik **was** blij dat ik in 1996 zo hard **had** gewerkt aan zelfstudie en freelance-opdrachten.
De dag **vloog** voorbij, ik werkte nog een uurtje door omdat de kinderen een feestje **hadden**. Toen ik thuis **kwam**, aten we en **speelden** daarna in de huiskamer een paar spelletjes mens-erger-je-niet; en ik **ergerde** me rot. Ik **stopte** de kinderen in bed en we **kletsten** eindeloos tot ik tollend van de slaap mijn bed in **viel** - douchen **kon** ik de volgende dag wel.

6
1. Toen, 2. Toen, 3. Als, 4. Toen, 5. Als, 6. Als, 7. Toen, 8. Als

7
1. maakte, 2. kende, 3. zouden, 4. lamp, 5. januari,

8
1. Vroeger woonde ik in het centrum van Rotterdam.
2. Tijdens de winter kwam ik vaak te laat naar school.
3. Toen stopte de trein nog in Emmen.
4. Toen ik klein was sliep ik vaak bij mijn oma.
5. Toen wij vorig jaar in Oostenrijk waren, regende het de hele tijd.
6. Toen zij haar doctertje hoorte, ging ze naar haar kamer.
7. Toen mijn vader vakantie had, las hij elke dag de krant.

9a
1. h, 2. e, 3. i, 4. g, 5. b, 6. a, 7. f, 8. c, 9. d

9b
sprong - b, raakten - b, verdween - b, verdronk - b, wisten - b

10
Toen ik klein was had ik een broer. Ik bedoel, ik heb hem nog steeds, maar ik deel allang geen slaapkamer meer met hem. Hij was twee jaar ouder dan ik en ik – helaas – twee jaar jonger dan hij. Dat was het probleem. Ik wilde altijd met hem spelen, maar dat mocht niet. Oudere broers willen niet met kleinere broers spelen – ze hebben hun eigen vrienden.
Maar thuis was er niemand, en als hij zijn huiswerk niet deed of niet las – hij was altijd aan het lezen –, dan speelde hij met mij. Bijvoorbeeld 's avonds als we naar bed moesten. Onze bedden stonden naast elkaar met een nachtkastje met een lampje d'r tussen. We speelden 'kamperen' met een zaklantaarn onder de dekens en we vertelden griezelverhaaltjes. Dat wil zeggen: mijn broer vertelde die. Ik werd er altijd bang van en kon niet slapen. Maar gelukkig was mijn grote broer d'r.

11
Er is een bank en een makkelijke stoel op de foto te zien. Naast de bank en de stoel staan twee bijzettafels met lampen erop. Achter de bank staat een kast. Voor de bank ligt een vloerkleed. Aan de muur/Naast de kast hangt een modern schilderij. Er zijn ook twee planten te zien. Het is een vrij lichte/heldere woonkamer.

12a (eine Auswahl)

boekenkast:	lezen, afstoffen, ...
stoel:	zitten, uitrusten, eten, ...
bureau:	werken, schrijven, huiswerk maken, ...
kast:	opruimen, kleren ophangen, ...
makkelijke stoel:	uitrusten, luieren, naar muziek luisteren, ...
tafel:	eten, drinken, lezen, ...
bed:	slapen, ontbijten, vrijen, ...
vloerkleed:	stofzuigen, lopen, ...
bijzettafel:	koffie drinken, spullen neerzetten, ...
bank:	zitten, slapen, met vrienden praten, ...

13
1. b, 2. d, 3. g, 4. a, 5. c, 6. e, 7. f

Lektion 13

1
1. kon, 2. deed, 3. waren, logeerden, 4. was, schreef, 5. mocht, 6. las, 7. stonden, 8. had

2

doen:	boodschappen doen, iets graag doen, een voorstel doen, leuke dingen doen, een dutje doen
hebben:	tijd hebben, een afspraak hebben, vrij hebben, zin in iets hebben, trek in iets hebben, plezier hebben, honger hebben, last hebben
zijn:	benieuwd zijn, vrij zijn, uitgenodigd zijn, jarig zijn
staan:	in de keuken staan, in de file staan, op straat staan
komen:	langs komen, naar huis komen, te weten komen

3
Meneer van Vliet kan helaas niet komen omdat ...
1. ... hij moet overwerken.
2. ... hij op zakenreis is.
3. ... hij bij vrienden op bezoek is.
4. ... hij op reis/vakantie is.
5. ... hij een cursus volgt.
6. ... hij op een feest uitgenodigd is.

4
1. Kom je mee naar de bioscoop/het feest/de voetbalwedstrijd/...?
2. Wanneer bent u/ben je geboren?
3. Wanneer is Sinterklaas jarig?
4. Sinds wanneer speelt u/speel je piano?

5. Hoe is het weer?
6. Wat doet u/doe je in uw/je vrije tijd?
7. Wat heeft u / heb je gisteren gedaan?
8. Waarom bent u / ben je niet naar het feest gekomen?
9. Gaat U/ Ga je morgen mee naar het strand?

5

a

2. Hij staat de auto te repareren.
3. Zij ligt te slapen.
4. Hij zit te denken/werken.
5. Hij staat de deur te schilderen.
6. Zij loopt het gras te maaien.
7. Hij zit de krant te lezen.
8. Hij staat te wachten.
9. Zij staat te telefoneren.

b

Een man zit naar muziek te luisteren en een andere ligt te slapen. Mevrouw Tryens zit te lezen en een kind zit televisie te kijken.

6

1. Ik zit net te denken wie ons met de verhuizing kan helpen.
2. Jullie hoeven niet op mij te wachten.
3. Ik ben benieuwd of hij ons gaat helpen.
4. Hij ligt net te slapen.
5. Zij zit net een interessant boek van Marga Minco te lezen.
6. Rob hoeven wij helemaal niet te vragen.
7. Wij wachten al een half uur op jou.

7 (Vorschlag)

Wie:	(Uw naam)
Waarom:	Omdat ik jarig ben.
Wanneer:	Op (b.v.) vrijdag, 11 juni om 19.30 uur.
Waar:	(Uw adres)

8

1. Perfekt - b, c,
2. Imperfekt - b
3. Perfekt - a, b
4. Imperfekt - b, c
5. Perfekt - a, b
6. Imperfekt - b
7. Imperfekt - b, c

9

1. Jos is pas uit Spanje teruggekomen.
2. Hij kan niet komen helpen omdat hij bij Marga's ouders uitgenodigd is.
3. Ruud kan niet komen helpen omdat hij het erg druk heeft.
4. Peter kan niet komen helpen omdat hij op zakenreis is.
5. Annekes broers Jan en Jeroen.

Jos:	Met Jos Vandeloo.
Henk:	Hé, Jos. Met Henk. Hoe gaat 't ermee?
Jos:	Uitstekend, hoor. We zijn net gisteren uit Spanje teruggekomen. Het was heerlijk.
Henk:	Nou, wat ik je wilde vragen. Kun je ons in het weekend met de verhuizing helpen?
Jos:	Hmm, dat zou ik echt graag willen doen maar we zijn bij de ouders van Marga uitgenodigd. Deze afspraak hebben we al weken geleden gemaakt. Dus, nee, dat gaat echt niet. Sorry, hoor.
Henk:	Oh, dat is niet erg, hoor. Ik ga Ruud dan even bellen. Ajuus.
Jos:	Tot ziens, Henk.
	...
Ruud:	Hallo, met Ruud Janssen.
Henk:	Hallo, Ruud. Met Henk. Hoe is het met jou?
Ruud:	Praat me d'r niet over. Ik heb het ontzettend druk. Ik moet deze en de volgende week overwerken. Anders halen we het niet.
Henk:	Dan heb je tijdens het weekend waarschijnlijk ook geen tijd, hè?
Ruud:	Dat klopt. Miriam en de kinderen zijn er al een beetje boos over dat ik zo veel werk. Maar goed. Ja, wie veel geld wil verdienen, moet veel werken.
Henk:	Dan zal ik je ook niet langer van je werk afhouden. Maar bel me een keer op als je tijd hebt.
Ruud:	Afgesproken. Tot gauw, Henk.
Henk:	Dag.
	...
Peter:	Met Peter van Dijk.
Henk:	Met Henk.
Peter:	Oh, hallo Henk. Fijn dat je opbelt. Hoe gaat het met Anneke?
Henk:	Met haar gaat het goed. Ze gaat nu weer werken. Maar, waarom ik opbel. Kun je mij in het weekend met de verhuizing helpen?
Peter:	In het weekend, zeg je? Hmm, even kijken. Ach, hoe kan ik dat nou vergeten. Dan ben ik op zakenreis naar Rome. Het spijt me.
Henk:	Ja, daar is niets aan te doen.
Peter:	Ik bel je wel op als ik weer terug ben.
Henk:	Oké, goede reis.
Peter:	Ja, bedankt en tot ziens.
Henk:	Tot ziens.
	...
Henk:	Ach, Anneke!
Anneke:	Ja, wat is er, Henk?
Henk:	Ik geloof dat er in het weekend niemand hier is om ons bij de verhuizing te helpen. Wat gaan we nu doen?
Anneke:	Ik ga straks mijn broers opbellen.
Henk:	Dat is een goed idee. Jan en Jeroen staan altijd voor ons klaar.

10

a

straatfeest, rommelmarkt, optocht, vuurwerk

b

Auswahl: de verjaardag, de cadeautjes, het speelgoed, ...

c

de gemeente - de gemeenten/gemeentes, de vereniging - de verenigingen, de consument - de consumenten, de rommelmarkt - de rommelmarkten, de optocht - de optochten, de gebeurtenis - de gebeurtenissen, de stichting - de stichtingen, de surprise - de surprises, het kerstfeest - de kerstfeesten, het speelgoed - (–), het straatfeest - de straatfeesten, het cadeau - het cadeautje - de cadeautjes, het toeristenseizoen - de toeristenseizoenen, het uitstapje - de uitstapjes, het vuurwerk - de vuurwerken

11

1, 2, 3, 4, 5, 6

Lektion 14

1

melkproducten:	geitenkaas, boter, room
vlees:	paté, konijn, biefstuk, poelet, lam, varkenshaas
vis:	garnalen, zalm, forel, kreeft, tonijn
groenten:	selderij, peterselie, ui, bonen, kapucijners, spinazie, maïskorrels, knoflook
specerijen:	mosterd, basilicum, peterselie, kerrie, peper, knoflook, rozemarijn

2

A:
1. De auto die ...
2. Het boek dat ...
3. De shirts die ...
4. De dominee die ...
5. Dit is de broek die ...

B:
1. De man van wie ...
2. De vrouw met wie ...
3. De leerling over wie ...
4. Mijn broer Stefan met wie ...
5. Dit zijn onze buren met wie ...

C:
1. De kerk waarover ...
2. Daar staat het vliegtuig waarmee ...
3. Dat zijn de fietsen waarmee/waarop ...
4. ... een klein blauw kistje waarin ...
5. Is dat niet de straat waardoor ...

3
1. Jan en Piet stappen in het vliegtuig dat op het vliegveld staat.
2. Meneer van den Bos stapt uit de bus waarmee hij naar Den Helder gereden is.
3. Ik heb een zoontje dat Jan-Willem heet.
4. Maastricht is een belangrijke stad die in Limburg ligt.
5. De familie van Dijk logeert in een oud hotel dat aan de Prinsengracht ligt.
6. Dit is mijn man Albert met wie ik gisteren de hele avond gedanst heb.
7. Meneer van Vliet zoekt zijn koffer waarin zich belangrijke papieren bevinden.

4

vet, snel, vers, koud, lekker, goedkoop, uitgebreid, slecht, duur, buitenlands, Italiaans, zwaar **eten**

een snel, net, nieuw, modern, bekend, druk, donker, rustig, goedkoop, slecht, duur, vriendelijk, buitenlands, Italiaans, groot, mooi, gezellig **restaurant**

een snelle, nette, nieuwe, bekende, drukke, rustige, slechte, vriendelijke, buitenlandse, Italiaanse, grote, mooie, gezellige, beleefde **serveerster/ober**

5
1. Waarover praten Rob en Kees?
2. Waarom zegt u/ zeg je dat?
3. Waar heb je zin in?
4. Waarvan houdt Johan heel erg?
5. Heeft u al iets gevonden?
6. Kunt u ons een wijn aanbevelen?

6
1. Koffie voor mij graag.
2. Mogen we de kaart nog even hebben?
3. Dat is toch de wijn die je altijd drinkt.
4. Is dat niet het gerecht waarover je mij verteld hebt?
5. Wil je liever naar het restaurant waar we gisteren al hebben gegeten?
6. We zijn met z'n vieren.
7. Kunt u ons een dessert aanbevelen?

7

Henk Berends heeft kip met groente besteld.
Marjolein Koenen heeft worst met aardappelen en groente besteld.
Tom Schepers heeft vis met aardappelen en groente besteld.
Yvonne van Helvoort heeft soep en een vruchtensalade besteld.

8
1. Imperfekt - b, c
2. Perfekt - a, b
3. Perfekt - b
4. Imperfekt - b
5. Imperfekt - b, c
6. Perfekt - b
7. Imperfekt - b, c

9

Voorgerecht: soep van de dag; tomatensoep
Hoofdgerecht: moussaka, biefstuk met frites
Nagerecht: aardbeien met slagroom
Drank: koffie verkeerd, rode wijn, pilsje

Tessa: Wat neem jij?
Klaas: Eh, weet ik eerlijk gezegd nog niet. De tortellini met spinazie en gorgonzolasaus lijkt me heerlijk.
Tessa: Goh, je wilt vegetarisch eten?
Klaas: Nou, ja ...
Tessa: Kom nou. Wil je indruk op me maken? Dat hoeft niet, hoor. Biefstuk met frites – dat is wat voor jou! En natuurlijk een pilsje.
Klaas: Denk je?
Tessa: Natuurlijk.
Klaas: Goed, misschien heb je gelijk. En als voorgerecht neem ik tomatensoep. Jij ook?
Tessa: Nee, nee, dat lust ik niet. Ik neem liever de soep van de dag en daarna – even kijken – de moussaka. Ja, dat lijkt me wat. En een rode wijn.
...
Klaas: Dat was lekker, zeg. Je had toch gelijk met die biefstuk.
Tessa: Heb je dan nog zin in een toetje?
Klaas: Ja, en ik heb ook al gekozen. Aardbeien met slagroom – is dat niet ook iets voor jou?
Tessa: Eigenlijk wel. Maar deze portie moussaka was al genoeg voor mij. Ik neem liever een koffie verkeerd.

10a

1. c, 2. d, 3. a, 4. e, 5. f, 6. b

10b

1. waar, 2. waar, 3. waar, 4. niet waar, 5. waar, 6. waar, 7. niet waar

10c

Als je je kaartje kwijt raakt, ben je je geld ook kwijt.

Lektion 15

1

1.	smal	smaller	het smalst
2.	druk	drukker	het drukst
3.	weinig	minder	het minst
4.	dik	dikker	het dikst
5.	origineel	origineler	het origineelst
6.	bekend	bekender	het bekendst
7.	leuk	leuker	het leukst
8.	mooi	mooier	het mooist

2

1. de grootste, 2. de beste, 3. de beroemdste, 4. het lekkerst, 5. de hoogste, 6. de gekste, 7. de bekendste

3

1. duurder, 2. kleiner, het kleinst, 3. de meest romantische, 4. leukste, 5. heter, 6. oudste, 7. meer

4
1. colbert van wol, 2. dons jack, 3. wollen vest met blokjesmotief, 4. shirt, 5. getailleerde blouse, 6. trui, 7. spijkerbroek, 8. broek met rechte pijpen, 9. sjaal, 10. pump, 11. hoge schoen, 12. schoenen, 13. lange rok

5
1. Kan ik u helpen, mevrouw?
2. – Ja, ik ben op zoek naar een winterjas.
3. Welke maat heeft u?
4. – Tweeënveertig.
5. Tweeënveertig vindt u hier. Naar welke kleur zoekt u?
6. – Donker moet hij zijn. Donkerblauw of zwart, denk ik.
7. Deze zijn allemaal donker.
8. – Mag ik deze passen? Die lijkt me wel elegant.
9. Natuurlijk, mevrouw. Een spiegel vindt u in de hoek

6
1. Amsterdam is één van de mooiste en meest romantische steden in/van Europa.
2. Veel mensen leven op woonboten op/in de grachten.
3. Het beroemdste schilderij van Rembrandt is „De Nachtwacht".
4. Gisteren heb ik een nieuwe jas gekocht.
5. Kan ik contant betalen?
6. In Amsterdam kun je veel oude en mooie patriciërshuizen vinden.
7. Volgens mij is het te klein maar je kunt het even passen.

7
1. vingers, 2. prijskaartje, 3. Leidsestraat, 4. goedkoop, 5. paskamer, 6. Jordaan, 7. contant, 8. origineel, 9. neus

8
1. het hoofd, 2. het haar, 3. de kin, 4. de borst, 5. de arm, 6. de hand, 7. de vinger, 8. de voet, 9. het oog, 10. het oor, 11. de neus, 12. de mond, 13. de hals, 14. de buik, 15. het been, 16. de tenen

9
1. Meneer de Smet was gisteren bij een auto-ongeluk betrokken.
2. Hij heeft een lichte hersenschudding en zijn knie kreeg een behoorlijke klap.
3. Om naar kantoor te komen moet hij tien minuten fietsen.
4. Meneer De Smet moet een paar dagen rust nemen.

Politieagent: Hoe zagen ze d'r uit?
Mevrouw: Nou, de vrouw droeg een witte blouse met een zwarte rok en, ik geloof, bruine schoenen. En ze had blond haar.
Politieagent: Was ze groot of klein, mevrouw?
Mevrouw: Groot, groter dan ik.
Politieagent: En was ze slank of dik?
Mevrouw: Ze was dun, erg dun zelfs.
Politieagent: En de twee mannen?
Mevrouw: Hmm, de ene droeg een blauwe jas.
Politieagent: Kunt u hem verder beschrijven?
Mevrouw: Even nadenken. Ja hoor, hij had donker haar en ...
Politieagent: Lang of kort haar?
Mevrouw: Kort haar, en hij had ook een bril op.
Politieagent: En de andere man?
Mevrouw: Die andere man, die droeg een spijkerbroek en een donkere trui.
Politieagent: En hoe zag hij d'ruit?
Mevrouw: Hij had bruin haar, en ik denk dat hij een snor had.
Politieagent: Waren de twee mannen groot of klein?
Mevrouw: Die man met die bril was klein en de andere met de spijkerbroek was groot.
Politieagent: Bedankt, mevrouw. Zijn er nog andere dingen die u opgevallen zijn?
Mevrouw: Nee, ik denk van niet. Het gebeurde allemaal zo snel.

10
1. Voor het feest heb ik iets moois nodig.
2. Betaalt u contant of met credit card?
3. De volgende keer ga ik liever alleen winkelen.
4. Kan ik deze jurk even passen?
5. Dat is echt niets voor mij.
6. Dank u, maar ik kijk liever nog even rond.
7. Heeft u deze broek nog een maatje kleiner?

11
winkelen: Antwerpse pralines, avant-gardistisch gezellige winkels, de historische sfeer, antiek en curiositeiten, leuke hebbedingetjes, elegante winkels, kleine karakteristieke zaakjes, rondsnuffelen, grote warenhuizen, excentrieke zaakjes, enorm winkelaanbod, Limburgse vlaai, een gloednieuw winkelgebied, grootwarenhuizen, boetieks, winkelliefhebbers, gekke winkeltjes

bezienswaardigheden: de middeleeuwse gotische geveltjes, het Paleis Noordeinde, het Mauritshuis, de Ridderzaal aan het Binnenhof, de indrukwekkende skyline, toonaangevende architectuur, de Beurstraverse, Hoog Catharijne, de prachtige middeleeuwse binnenstad, de eeuwenoude werfkelders aan de Oudegracht

positieve eigenschappen: leuk, gezellig, avant-gardistisch gezellig, historische sfeer, aantrekkelijk, de statige sfeer, elegant, karakteristiek, een uitbundige sfeer, excentriek, chique, genoeglijk, modern, eeuwenoud, buitenlandse sfeer, stijl, vriendelijk, gastvrij, enorm winkelaanbod, heerlijk, een wereldstad, indrukwekkend, toonaangevende architectuur, een gloednieuw winkelgebied, prachtig, iets bijzonders, talloze zaken, gekke winkeltjes

specialiteiten: Antwerpse pralines, Arnhemse meisjes (een soort koekje), Limburgse vlaai (een soort taart)

Lektion 16

1
Er is/zijn: boter, eieren, frisdranken, groente, kaas, koffiemelk, melk, sausen, yoghurt.

2
1. sla, 2. kip, 3. gebak, 4. zeep, 5. komkommer

3
1. komkommer, 2. tandpasta, 3. postzegels, 4. klant, 5. wortel, 6. zeep, 7. telefoonkaart, 8. kalkoen

4

	melk	fruit	worst	vla	pils	suiker	koek	jam	koffie	patat	vlees
zakje							x			x	
blikje	x	x			x				x		x
pak	x			x		x	x		x		
fles	x			x	x						
doos		x									
potje								x			
100 g (1 ons)			x								x
pond		x	x								x
kilo		x	x			x					x
liter	x			x							
stuk		x	x				x				x
plakje			x								

5
Jan: **Bakker:** 20 broodjes, 5 krentenbollen, wat koekjes, een halfje wit
Groenteboer: 4 komkommers, 6 uien, 1 pond courgettes, een paar perziken
Marloes: **Kaasboer:** 1/2 kilo Goudse kaas, 300g boerenkaas, 1 pond Leerdammer
Slager: 1 pond ham, 10 eieren

Jan: Wat hebben we eigenlijk nog voor ons feestje nodig?
Marloes: Nou, d'r zijn een paar dingen die we moeten halen. Ga maar even zitten, dan kunnen we samen een lijstje maken.
Jan: Ik ga eerst naar de bakker. Wat hebben we nodig?
Marloes: Nou, zo'n twintig broodjes, vijf krentenbollen, wat koekjes en, eh, nog een halfje wit.
Jan: Goed, en dan moeten we ook nog worst en kaas hebben.
Marloes: Dat kan ik wel doen. Wat denk je van een halve kilo Goudse kaas, 300 gram boerenkaas en nog een pond Leerdammer?
Jan: Nou, dat lijkt me wel wat. Wil je alleen maar kaas kopen?
Marloes: Nee, nog een pond ham en tien eieren. Ik loop dan ook nog even naar de slager op de hoek.
Jan: Dan ga ik nog naar de groenteboer. Even kijken – vier komkommers, zes uien, een pond courgettes en voor het nagerecht een paar perziken. Is dat dan alles?
Marloes: Ik geloof het wel. Nou, laten we maar gaan, anders duurt het te lang. Misschien vind je nog het een of ander wat we kunnen gebruiken.

6
1. Bij de slager kun je vlees en worst kopen.
2. Veel Nederlanders eten 's middags een boterham met ham en kaas.
3. Ik drink elke morgen een kopje koffie en eet een banaan.
4. De mevrouw koopt een pond boerenkaas en twee liter melk.
5. Je kunt bijna alles in de supermarkt vinden.

7
1. Ik geloof dat ik nu aan de beurt ben.
2. Geeft u mij maar een kilo bananen.
3. We hebben Franse boerenkaas in de aanbieding, een pond voor € 2,75.
4. Heb je al genoeg frisdrank voor het feest gekocht?
5. Is dit stukje groot genoeg of mag het ietsje meer zijn?
6. Ik koop mijn brood altijd bij de bakker.

8
1. Zijn die appels in de aanbieding?
2. Hoeveel moet erop?
3. Doet u maar een pondje van die sinaasappels.
4. Zijn die peren rijp?
5. Wat kost een kilo van die appels?
6. Vrouw: Geeft u maar twee van deze taartpunten.
Man: En een zakje roomboterkoekjes.

9
richtig: 2., 4.

Bij de groenteboer
Verkoopster: Zegt u het maar, meneer.
klant: Twee kilo perziken, alstublieft. Die zijn toch in de aanbieding?
Verkoopster: Nee, meneer. De appels en de komkommers zijn in de aanbieding.
klant: Hmm, doet u dan maar anderhalve kilo appels.
Verkoopster: Anders nog iets?
klant: Eens kijken, waar is mijn boodschappenlijstje... O ja, drie kilo aardappels, twee komkommers, een pond snijboontjes, een kilo peren en eh, doet u maar één kilo perziken. Zijn die rijp?
Verkoopster: Natuurlijk. En ze zijn lekker zoet. En de komkommers liggen daar naast de deur. Die kunt u zelf even pakken.
Klant: O ja, ik zie ze al.
Verkoopster: Kijkt u eens. Drie kilo aardappels, twee kilo perziken en een pond peren.
klant: Eh nee, u vergist zich. Ik wil graag een kilo peren en maar één kilo perziken. En dan nog een pond snijboontjes en deze twee komkommers.
Verkoopster: O, sorry, u hebt gelijk ... Anders nog iets voor u?
klant: Eens even kijken ... komkommers, peren, ... o, aardbeien, die vergeet ik bijna! Eén doosje aardbeien, graag.
Verkoopster: Hebt u het zo?
klant: Ja hoor, dank u wel.
Verkoopster: Dan wordt het € 15,70 bij elkaar, meneer.
klant: Alstublieft.
Verkoopster: Hebt u het niet kleiner?
klant: Nee, het spijt me.
Verkoopster: € 15, 70, dan wordt het twintig, vijftig en dat is honderd.
klant: Dank u wel. Tot ziens.
Verkoopster: Tot ziens meneer. En een prettig weekend!

10

sich fragen	Heeft u zich ook wel eens afgevraagd ...?	zich afvragen
bedeuten	... wat het betekent, ...	betekenen
geben/ bestehen	Voor de oorlog bestonden er ...	bestaan
eintauschen	... die kan je ingeruilen ...	inruilen
ausgeben	... voor een bepaald besteed bedrag ...	besteden
verstehen	En je begrijpt wel, ...	begrijpen
mitmachen	niet iedereen doet daraan mee	meedoen

11

1. Komt deze brief morgen nog aan?
2. Een pond belegen Goudse kaas, alstublieft. Wat kost die?
3. Ik neem dan zeven broodjes, een halfje wit en een aardbeientaart.
4. Ik geloof dat ik aan de beurt ben.
5. Kunt u mij helpen?
6. Zijn ze niet in de aanbieding?

12a

Richtig sind: 1., 5.

12b

wegwerfen (wo es nicht hin gehört) - dumpen, Nahrung, Essen - het voedsel, wegwerfen - weggooien, landen - belanden, Mülleimer - de vuilnisbak, Verschwendung von Essen - de voedselverspilling, gegen etwas angehen - iets tegengaan, Vorrat - de voorraad, Nahrungsmittel - het voedingsmiddel, (in großen Mengen) einkaufen - inslaan, nach Maß - op maat, erheblich einsparen bei etwas - flink besparen op iets, argumentieren, folgern - redeneren, einkaufen - inkopen, laut einer Sprecherin - aldus een woordvoerster

Lektion 17

1

1. d, 2. a, 3. b, 4. c, 5. a, 6. f, 7. e

2

Als ik jou was, ...

1. ... zou ik vroeger naar huis gaan.
2. ... zou ik liever mijn mond houden.
3. ... zou ik niet te lang in de zon blijven liggen.
4. ... zou ik niet zo vaak tv kijken.
5. ... zou ik me niet zo veel zorgen maken.
6. ... zou ik de kamer met een cheque betalen.
7. ... zou ik weten wat ik zou moeten doen.
8. ... zou ik haar meteen opbellen.

3

1. Langeoog, 2. bos, 3. klok, 4. zonnen, 5. toeslag

4

1. Ik zou graag een vakantiereis willen maken.
2. Ik zou ook een nieuwe auto kunnen gebruiken.
3. Ik zou graag een vakantiehuisje aan de Franse kust willen kopen.
4. Ik zou graag een nieuwe inrichting voor mijn appartement kopen.
5. Ik zou dan samen met mijn vrouw in de beste discotheek gaan dansen.
6. Ik zou graag een nieuwe keuken kopen.

5

W	V	D	I	L	H	O	O	G	S	E	I	Z	O	E	N	P	F
O	E	O	G	M	A	G	N	E	T	R	O	N	L	C	K	E	I
E	E	R	A	T	N	F	U	B	G	I	E	M	T	IG	O	N	E
T	R	P	S	E	D	E	I	O	R	S	M	T	N	F	O	S	T
S	B	S	F	L	D	D	K	V	L	T	N	N	O	Ö	K	I	S
H	O	G	O	E	O	C	U	L	F	E	B	F	E	H	P	O	E
P	O	E	R	F	E	Z	P	I	M	E	K	O	M	N	A	N	N
A	T	Z	N	O	K	IJ	S	E	N	C	D	O	E	A	N	D	V
A	L	I	U	O	C	H	T	G	W	N	D	N	L	K	N	E	E
R	N	C	I	N	T	R	D	E	A	A	N	K	I	A	E	E	R
D	K	H	S	M	A	U	P	R	D	O	A	L	L	S	N	N	H
R	A	T	U	P	R	O	T	E	Z	E	E	I	K	O	S	T	U
IJ	E	W	P	O	T	S	T	N	H	J	E	M	N	K	K	S	U
D	C	A	R	A	V	A	N	S	T	R	IJ	K	IJ	Z	E	R	R
E	K	O	F	F	I	E	Z	E	T	A	P	P	A	R	A	A	T
N	S	E	E	M	P	K	A	M	P	E	R	E	N	C	B	A	U

6

1. hoogseizoen, 2. magnetron, 3. telefoongids, 4. duinen, 5. luieren, 6. veerboot, 7. wasmachine, 8. zonnen

7

1. Ik zou graag een vaatwasmachine in mijn vakantiehuisje willen hebben.
2. Volgend jaar zou ik graag naar Vlieland op vakantie gaan.
3. Tijdens de vakantie hoef ik in mijn vakantiehuis geen tv te hebben.
4. Ik zou graag appartement nr.21 willen huren.
5. Kunt u een beschrijving van de indeling geven?

8

1. Waar wilt u uw vakantie het liefst doorbrengen?
2. Wat wilt u in uw vakantiehuis graag hebben?
3. Hoe vonden jouw/uw kinderen jouw/uw idee? oder: Hoe hebben jouw/uw kinderen gereageerd?
4. En wat heeft jouw/uw vrouw gezegd? oder: En hoe vond jouw/uw vrouw het idee?
5. Wat kun je daar alles doen?
6. Waarschijnlijk is er alles erg duur?

9

1. Hiermee bevestig ik uw reservering van 6 mei.
2. Jouw tip over de vakantie op Ameland was goud waard.
3. In mijn vakantiehuis zou ik graag een wasmachine, een koelkast, een koffiezetapparaat en een gasfornuis willen hebben.
4. Van hier is het maar een kattensprongetje naar Nijmegen.
5. Met hoeveel personen wilt u komen?
6. Wij zijn met z'n vieren, twee volwassenen en twee kinderen van drie en zes jaar.

10

1. c) Zwitserland, 2. a) in de bergen wandelen, 3. b) vervelend, 4. c) Spanje, 5. c) wil er niets van horen., 6. b) is het met zijn zus eens, 7. c) ze de Zwitsers niet kan verstaan, 8. c) naar de disco gaan.

Tessa: Pa, over vier weken begint de zomervakantie. Ik zou dit jaar graag naar Spanje willen. Lekker in de zon liggen en 's avonds paella eten.

Vader: Spanje? Ben je gek? Daar is het in de zomer veel te heet. Nee, we gaan weer naar Zwitserland in de bergen wandelen. Dat is goed voor je gezondheid en bovendien kennen we intussen daar heel veel mensen.

Tessa: Elk jaar dezelfde mensen en elk jaar dezelfde bergen. 's Morgens vroeg opstaan, en dan een lange wandeling, uit eten gaan, 's avonds vroeg naar bed. Kom nou, een wandeling kun je ook langs het strand maken. En dat is ook goed voor je gezondheid en je kunt daarna nog lekker zwemmen.

Rob (komt binnen): Wat hoor ik daar? We gaan dit jaar naar Spanje? Een goed idee, zeg. Zo'n voorstel had ik van jou nooit verwacht, pa. Ik had gedacht dat je weer naar Zwitserland zou willen gaan. Zoals elk jaar: wandelen en van de bergen genieten. Nu ben je het eindelijk met ons eens dat het op den duur toch wat gaat vervelen.

Moeder (komt binnen): Hebben jullie het over onze vakantie dit jaar? Zou het echt waar zijn, dat we dit jaar ergens anders naartoe gaan? En niet meer naar Zwitserland? Ik kan die mensen daar met hun rare taal sowieso niet verstaan. Aan wat hadden jullie dan gedacht?

Tessa: Nou, wat dacht je van Spanje? Dat wordt leuk: lekker aan het strand wandelen, in de zee zwemmen, paardrijden, aan het strand luieren, ...

Moeder: ... en 's avonds natuurlijk naar de disco?

Tessa: Eh ja, nou, ja, dat zou wel zo leuk zijn. Als ik mag?

Moeder: Vraag dat maar liever aan je vader.

Vader: Spanje! In de zon liggen! Je weet toch dat dat niets voor mij is. En dan al die drukte aan het strand.

Moeder: Maar als we bijvoorbeeld naar Malaga zouden gaan, dan heb je ook nog andere mogelijkheden. Daar kun je lange wandelingen maken door die historische binnenstad, oude kathedralen en musea bezoeken.

Tessa: Ja, en wij zouden in de tussentijd naar het strand kunnen gaan. En 's avonds komen we dan bij mekaar en koken iets lekkers. Nou, wat denk je daarvan?

Moeder: Dat lijkt me een goed idee.

Vader: Nou goed dan, als het niet anders kan. Op naar Spanje.

11

Vorteil:	het voordeel, de voordelen
Insel:	het eiland, de eilanden
10-Euro-Schein:	het tientje, de tientjes
Fahrrad:	de fiets, de fietsen
Fahrradverleih:	het fietsenverhuurbedrijf, de fietsenverhuurbedrijven
Entdeckungsreise:	de ontdekkingsreis, de ontdekkingsreizen
Düne:	de duin, de duinen
Vogel:	de vogel, de vogels
Küste:	de kust, de kusten
Fähre:	de veerboot, de veerboten

12

De meest populaire vakantiebestemmingen in Duitsland 1998 waren: Spanje, Oostenrijk, Italie, Griekenland, Turkije. Nederland hoort niet tot de top 10 – misschien omdat men vaak alleen voor een weekend naar Nederland gaat en niet voor vakantie.

Lektion 18

1

Film Festival: wordt geopend (Präsens), is geschreven (Perfekt); Fries in Duitsland: zal worden versterkt (Futur), is beïnvloed door (Perfekt), wordt gesproken door (Präsens); Kandinsky in Den Haag: wordt gevierd (Präsens), worden getoond (Präsens), is samengesteld (Perfekt)

2

1. Het schilderij wordt voor € 15.000,- verkocht.
   Het schilderij werd voor € 15.000,– verkocht.
   Het schilderij is voor € 15.000,- verkocht.
   Het schilderij zal voor € 15.000,– worden verkocht.
2. Dit wordt door het Centraal Bureau voor de Statistiek bekendgemaakt.
   Dit werd door het Centraal Bureau voor de Statistiek bekendgemaakt.
   Dit is door het Centraal Bureau voor de Statistiek bekendgemaakt.
   Dit zal door het Centraal Bureau voor de Statistiek bekendgemaakt worden.
3. Er wordt door de politie een actie tegen het drugstoerisme gehouden.
   Er werd door de politie een actie tegen het drugstoerisme gehouden.
   Er is door de politie een actie tegen het drugstoerisme gehouden.
   Er zal door de politie een actie tegen het drugstoerisme gehouden worden.
4. De regering wordt (door de oppositie) als 'visieloos' gekritiseerd.
   De regering werd (door de oppositie) als 'visieloos' gekritiseerd.
   De regering is (door de oppositie) als 'visieloos' gekritiseerd.
   De regering zal (door de oppositie) als 'visieloos' gekritiseerd worden.
5. Er worden twee personen ... door de rechtbank in Utrecht veroordeeld.
   Er werden twee personen ... door de rechtbank in Utrecht veroordeeld.
   Er zijn twee personen ... door de rechtbank in Utrecht veroordeeld.
   Er zullen twee personen ... door de rechtbank in Utrecht veroordeeld worden.

3

1. Een kleine jongen werd gisteren door zijn hond gered.
2. Een schilderij van Rembrandt werd in een kelder gevonden.
3. Eén miljoen euro werd van de ABN-AMRO Bank gestolen.
4. Het verbod voor tabaksreclame werd door het Europese Parlement besloten.
5. Er werd een grafveld van 3500 v. Chr. blootgelegd.
6. Een toenmalige voetballer werd tot bondscoach benoemd.

4

Kunt u zich voorstellen dat ...
1. in 1993 € 3.650 voor een tweedehandsauto geboden werd?
2. voor een fles Franse wijn € 10.000 betaald werd?
3. in 1988 een kaart voor € 2.000 verkocht werd?
4. in 1991 een taart van 30.000 kilo in 24 uur gemaakt werd?
5. in het IJsselmeer een 64 jaar oude auto gevonden werd?
6. in 1984 een schilderij van Jan Vermeer voor € 8 miljoen verkocht werd?

5

Interviewer: Dat was een fantastische film. Wie heeft de film gemaakt?
Meneer van Steen: Nou, de film werd gemaakt door alle studenten.
Interviewer: Waar werd de film opgenomen?
Martin: De meeste scènes werden in het instituut opgenomen.
Interviewer: Ik heb erg van de story genoten. Wie heeft hem geschreven?
Ineke: Die is geschreven door Carmen Lesman, een van de studenten.
Interviewer: Wie heeft dan de muziek uitgezocht?
Meneer van Steen: Die is uitgezocht door Tom Heuvels, een derdejaars student.
Interviewer: Hebben de studenten hun kleren zelf ontworpen?
Meneer van Steen: Jazeker. Die zijn ontworpen door Alice en Sandra, samen met een designstudent.
Interviewer: Bedankt voor het gesprek. Ik wens jullie nog veel succes met eventuele volgende films.

6

1. afhalen, 2. zonnebril, 3. rijbewijs, 4. toeslag, 5. snoep, 6. reisgids, 7. zakenreis, 8. horloge

7

1. De secretaresse heeft een kamer voor meneer Duffels gereserveerd.
2. Zij zorgt ervoor dat hij afgehaald wordt.
3. Bovendien stuurt zij nog een fax met alle informatie.
4. Meneer Duffels wordt door een chauffeur van het station afgehaald.
5. Maar eerst koopt hij een reisgids en een plattegrond van Amsterdam.
6. Amsterdam is bekend om zijn nachtleven.
7. Over twee dagen wordt hij weer naar het station gebracht.
8. Hij zal dan twee leuke dagen in Amsterdam doorgebracht hebben.

8

1. Ik zou graag met meneer De Wilde willen spreken.
2. Een ogenblikje alstublieft, ik verbind u door.
3. Vertrekt de trein naar Antwerpen vanaf perron 7?
4. U moet in Utrecht overstappen.
5. Als u wilt, reserveert mijn secretaresse een kamer voor u.
6. Hoe laat zal ik in Düsseldorf aankomen?

9

1. Met het geld wat hij daar spaart, kan hij een heleboel dingen kopen.
2. Hij denkt dat hij op het moment waar hij geen treinkaartje gekocht heeft, door een conducteur zal worden gecontroleerd. In zo'n situatie zou hij zich zelf voor alle andere mensen in de trein belachelijk maken.
3. Hij antwoordt dat hij vergeten is een kaartje te kopen. Anders zou de trein zonder hem vertrokken zijn.
4. Hij zal de volgende keer op tijd een kaartje kopen.
5. Rob moet € 40,– betalen.

Frans: Zeg, ben je niet bang dat er een conducteur komt?
Rob: Welnee! Ik heb nog nooit een kaartje gekocht en ik ben nog nooit gecontroleerd. Van het geld dat ik daarmee bespaar, kan ik een heleboel dingen kopen.
Frans: Ja, dat is wel waar. Maar stel je voor dat je wordt gecontroleerd als je geen kaartje hebt – ik zou me voor al die mensen in de trein opgelaten voelen. Stel je voor dat er een kennis of een collega in de trein zit. Die gaat dat toch aan iedereen vertellen. Ik zou me daar niet zo lekker bij voelen.
Rob: O, nou, dat kan me niet zo veel schelen.
Conducteur: Goedemiddag, dames en heren. Uw plaatsbewijzen, alstublieft.
Frans: Daar heb je het al. Ik ben blij dat ik wel een kaartje heb gekocht.
Conducteur: Uw kaartje, meneer.
Rob: Ja, eh, sorry hoor, maar eh de trein stond al op het perron en we hadden geen tijd meer om een kaartje te kopen.
Conducteur: Dus, u heeft geen treinkaartje?
Rob: Nee eh kijk, als ik nog een kaartje had gekocht, dan hadden we de trein gemist. En daarom ...
Conducteur: Ja, ja. U kunt zich gewoon niet voorstellen wat voor smoesjes mensen allemaal kunnen bedenken: hun oma is gestorven, ze zijn op weg naar het ziekenhuis, iemand heeft het kaartje gestolen, en noem maar op. Als u op tijd een kaartje zou hebben gekocht dan had u geen last van zulke vervelende situaties. Het spijt me voor u, maar dat kost u 40 euro.
Rob: 40 euro! Daarvoor kan ik wel een hele maand met de trein!
Conducteur: Als u niet wilt betalen dan moet ik u vragen bij de volgende halte samen met mij uit te stappen.
Rob: Nee, nee, ik betaal wel.
Conducteur: Dank u wel, en nog een goede reis.
Frans: Snap je nou wat ik bedoel ...
Rob: Ja, misschien heb je wel gelijk. Ik denk dat ik de volgende keer toch maar eens een kaartje ga kopen.

10

1-3: feestelijke opening, 3-5: meer ruimte, 5-7: hoger aantal bezoekers, 7-10: meer plaats voor etsen, 10-13: renovatie, 13-15: opening tentoonstelling

Lektion 19

1

1. Ik ga naar bed want ik ben moe.
2. Ik kan vandaag helaas niet komen want ik heb griep.
3. Henk moest de rekening meteen betalen want hij had geen E 111 formulier.
4. Dokter Steenkist heeft vandaag geen spreekuur want hij is in het ziekenhuis.
5. Ik kan niet inslapen want ik heb hoofdpijn.
6. Ik ben erg moe want ik heb de hele nacht niet geslapen.
7. Ik ben vorige week naar de dokter geweest want ik voelde me niet goed.

2

1. De man heeft buikpijn omdat hij te veel gegeten heeft.
2. De man heeft een gebroken been omdat hij uit een boom gevallen is.
3. De vrouw heeft rugpijn omdat zij te lang getuinierd heeft.
4. De man heeft spierpijn omdat hij te veel gymnastiek gedaan heeft.

5. De vrouw heeft een gebroken arm omdat zij een ongeluk gehad heeft.
6. De vrouw heeft hoofdpijn omdat zij stress op kantoor heeft.

3
1. De man heeft buikpijn want hij heeft te veel gegeten.
2. De man heeft een gebroken been want hij is uit een boom gevallen.
3. De vrouw heeft rugpijn want zij heeft te lang getuinierd.
4. De man heeft spierpijn want hij heeft te veel gymnastiek gedaan.
5. De vrouw heeft een gebroken arm want zij heeft een ongeval gehad.
6. De vrouw heeft hoofdpijn want zij heeft stress op kantoor.

5
1. Ik ga vanmorgen naar de dokter omdat ik verkouden ben.
2. De dokter zal me wat tabletjes tegen de maagpijn voorschrijven.
3. Daarna moet ik het medicijn in de apotheek halen.
4. Omdat ik buikpijn heb, moet ik veel thee drinken.
5. Als je kiespijn hebt, mag je niet snoepen.
6. Ik heb hoofdpijn want ik heb niet genoeg geslapen.
7. Ik voel mij niet lekker hoewel ik geen koorts heb.
8. Ik moet ochtendgymnastiek doen want ik heb pijn in mijn rug.

6
1. i., 2. c., 3. a., 4. f., 5. g., 6. h., 7. d., 8. b., 9. e.

7 (Lösungsvorschlag)
Schulranzen, Decke, hängen, wiegen, vorlesen, zurückkommen
1. De vader kwam met de schooltas de kamer van zijn zoon binnen omdat hij naar school moest. De zoon zei dat hij ziek was en niet naar school kon. 2. De vader bracht hem een kopje thee en wilde toen zijn bed aan het plafond hangen. 3. De vader wiegde hem in het bed en las hem daarbij voor. 4. Toen moest de vader weg. 5. Toen hij terugkwam schommelde de zoon in zijn bed en moest toen voor straf naar school. 6.

8
kwamen, zijn gepubliceerd, werd … gemeten, gaven … aan, waren, toenam, betekent, inspringen

9
1. Kan ik voor vanmiddag een afspraak maken?
2. Is het dringend mevrouw Hansen, want wij hebben vandaag geen spreekuur?
3. Ik ben sinds twee dagen erg verkouden.
4. Ik vermoed dat u een behoorlijke griep heeft.
5. Wanneer bent u voor de laatste keer bij de tandarts geweest?
6. Ik heb erge buikpijn - daarom wilde ik even langskomen.
7. Waarom? Omdat ik erge kiespijn heb.

10
1. Hij heeft een ongeluk gehad. Twee dagen geleden is hij van zijn fiets gevallen.
2. Zijn linker arm, zijn knie en zijn hoofd doen pijn.
3. Het ongeluk is op weg naar zijn werk gebeurd, toen hij door zijn woonwijk fietste.
4. Meneer De Smet heeft niet op het verkeer gelet. Opeens rolde er een bal de straat op en hij wilde hem ontwijken. De bestuurder van de auto achter hem kon niet op tijd reageren.
5. Een lichte hersenschudding. Bovendien kreeg zijn knie een behoorlijke klap.
6. Hij moet een paar dagen rusten.

Dokter: Goedemiddag, meneer De Smet. Hoe gaat het met u?
De Smet: Nou, eerlijk gezegd niet zo best. Mijn linkerarm, mijn knie en mijn hoofd doen pijn.
Dokter: Heeft u een ongeluk gehad?
De Smet: Ja. Ik was gisteren op weg naar mijn werk. Weet u, het bedrijf waar ik voor werk ligt zo'n tien minuten fietsen van mijn huis. En ik heb zoals elke dag de fiets genomen.
Dokter: En dan bent u van de fiets gevallen?
De Smet: Ja precies. Toen ik door onze woonwijk fietste, rolde opeens een bal de straat op. Nou, het is mij nog gelukt de bal te ontwijken maar … helaas heb ik niet op het verkeer gelet. De bestuurder van de auto achter mij kon niet op tijd reageren en zo, ja – peng – is het gebeurd.
Dokter: Doet nog iets anders pijn, b.v. uw handen of benen?
De Smet: Nee, gelukkig niet.
Dokter: Goed, we gaan even kijken.
…
De Smet: Is het erg, dokter?
Dokter: Eigenlijk niet, maar u heeft waarschijnlijk een lichte hersenschudding en uw knie kreeg een behoorlijke klap. Met uw linkerarm is het niet zo erg, dat komt snel weer in orde.
De Smet: Moet ik dan naar het ziekenhuis?
Dokter: Nee, dat hoeft niet. Maar u moet wel een paar dagen rusten. Komt u over drie dagen nog eens langs en dan zien we verder.
De Smet: Dank u wel en tot ziens.
Dokter: Tot ziens, meneer De Smet.

11
a
hoog cholesterolgehalte, aderverkalking, rode vlekjes op het gezicht, huidziekte rosacea, acne-aandoening, opgezwollen bloedvat, artritis, hoofdpijn, vermoeidheid, spierpijn, polio, reuma, bevriezingen, botbreuken, hoofdwonden, ontwrichte ledematen, hartproblemen, dwarslaesie, hartinfarct
b
gezondheidsprobleem, toont, blijkt, veel voorkomen, opgezwollen, ontdekte, gepaard met, hoogleraar

Lektion 20

1

Nr.	Land	Adjektiv	Einwohner	Einwohnerin
1	Nederland	Nederlands	Nederlander	Nederlandse
2	Duitsland	Duits	Duitser	Duitse
3	België	Belgisch	Belg	Belgische
4	Griekenland	Grieks	Griek	Griekse
5	Engeland	Engels	Engelsman	Engelse
6	Denemarken	Deens	Deen	Deense
7	Zwitserland	Zwitsers	Zwitser	Zwitserse
8	Italië	Italiaans	Italiaan	Italiaanse
9	Spanje	Spaans	Spanjaard	Spaanse
10	Turkije	Turks	Turk	Turkse
11	Rusland	Russisch	Rus	Russin
12	Frankrijk	Frans	Fransman	Française
13	Portugal	Portugees	Portugees	Portugese
14	Oostenrijk	Oostenrijks	Oostenrijker	Oostenrijkse

2

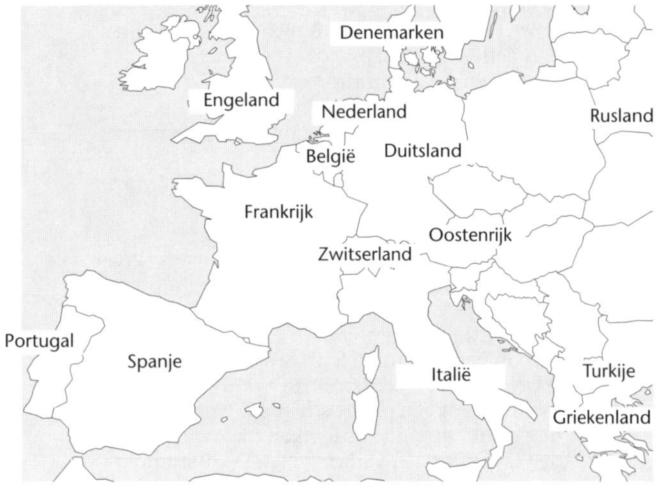

3

1. IKEA is een Zweedse meubelzaak.
2. Dat is een Italiaanse bank.
3. De Bijenkorf is een Nederlands warenhuis.
4. BMW is een Duitse auto.
5. Dat zijn Chinese gelukskoekjes.
6. The Times is een Engelse krant.
7. Levi's is een Amerikaanse broek/een Amerikaans merk.
8. Spa is een Belgisch (mineraal)water.

4

1. asiel, 2. verhaal, 3. loempia, 4. belachelijk
5. boerenkool, 6. vlees, 7. trakteren, 8. vreemd,
9. beleid, 10. Chinees, 11. begrijpelijk, 12. samenleving

5

interessant	vervelend/saai	met	zonder
veel	weinig	actief	passief
warm	koud	gezond	ziek
binnen	buiten	nat	droog
kort	lang	hoger	lager
zout	zoet	meer	minder
vraag	antwoord	eind	begin
snel	langzaam		

6

1. Meneer Kuiper en zijn vrouw willen uit eten gaan.
2. Als voorgerecht bestelt mevrouw Kuiper twee loempia's.
3. Mevrouw Postma spreekt behalve Nederlands nog Duits en Engels.
4. De meeste Nederlanders eten heel graag bij de Chinees.
5. Meneer Brouwers heeft in zijn jeugd vijf jaar in Suriname geleefd.
6. Een lekkere loempia zal er wel nog ingaan.
7. Het liefst eet ik een portie nasi goreng met kroepoek.

7

1. Ik plof!
2. De meeste toeristen in Spanje komen uit Duitsland.
3. In een Chinees restaurant eet men met stokjes.
4. Ik rammel van de honger.
5. Kaas, groenten en tulpen zijn typisch Nederlandse producten.
6. In België wordt Frans, Nederlands en Duits gesproken.
7. Spreek je behalve Duits en Engels nog een andere vreemde taal?

9

1. stadsdeel, 2. bestuurders, 3. deelraad, 4. in het vervolg,
5. ambtelijke stukken, 6. kwetsend, 7. ervaren

10

Bij de Chinees

Annie: Heb jij zin om te koken?
Wim: Nee, niet echt ... Zullen we lekker uit eten gaan?
Annie: Dat lijkt me een prima idee! Laten we naar de Chinees gaan. Dat is altijd lekker en niet zo duur.
Wim: Oké. Zullen we dan maar gaan? Ik rammel van de honger!
...
Ober: Goedenavond. De kaart, alstublieft. En wilt u alvast iets drinken?
Annie: Eh, voor mij een Spa rood, alstublieft.
Wim: En voor mij een pilsje.
Ober: Een Spa rood en een pilsje. Komt eraan.
...
Ober: Hebt u een keuze gemaakt?
Wim: Ja, voor mij graag een loempia vooraf. En als hoofdgerecht neem ik eh, even kijken, nummer 42, nasi goreng speciaal.
Ober: En u, mevrouw?
Annie: Ik neem de rijsttafel.
...
Annie: En, heb je nog zin in een toetje?
Wim: Nee, echt niet; ik plof bijna!
Annie: Zullen wij dan nog een kopje koffie drinken?
Wim: Koffie? Nee, ik lust nog wel een pilsje.
Annie: Ober! Mogen wij nog een kopje koffie en een pilsje?
...
Ober: Was alles naar wens?
Annie: Ja, het eten was heerlijk.
Wim: Mogen we afrekenen?
Ober: Ja. Dat was dan een loempia, een rijsttafel, een nasi goreng speciaal, een Spa rood, twee pilsjes en een kopje koffie. Dat is dan 32 euro, alstublieft.
Wim: Zo is het goed.
Ober: Dank u wel. Tot ziens.
Annie: Dag.
Wim: Dag.

11

1. In de Gouden Eeuw werden Indonesië en andere landen in Zuidoost-Azië ontdekt en daarna als belangrijke handelsgebieden gebruikt. In deze landen richtten de Nederlanders handelskantoren op.
2. Zij moesten lid zijn van de VOC, de Verenigde Oost-Indische Compagnie.
3. Het leven aan boord was moeizaam. Er was weinig plaats voor de matrozen.
4. De reis naar Indonesië duurde acht tot tien maanden.
5. De kooplieden brachten o.a. porselein, zijde, koffie, thee, suiker, cacao, tabak en rijst naar Europa mee terug.

Überschriftsvorschläge: De scheepvaart in de Gouden Eeuw; De Verenigde Oost-Indische Compagnie

Tests

Test zu den Lektionen 1-5

1
1. b, 2. a, 3. c, 4. a,b, 5. a,c, 6. a,c, 7. b, 8. b,c, 9. b, 10. c, 11. b, 12. a
2
1. b,c, 2. a,c, 3. a,b, 4. b,c, 5. a,b, 6. a, 7. b, 8. b, 9. a,b, 10. a,b,c, 11. a, 12. a

Test zu den Lektionen 6-10

1
1. c, 2. a,b, 3. a, 4. a, 5. b, 6. a,b,c, 7. b, 8. b, 9. a, 10. b, 11. a,b, 12. c
2
1. b, 2. a, 3. a, 4. a,b, 5. c, 6. a, 7. b, 8. c, 9. a, b, 10. a, c, 11. a,b, 12. a,c

Test zu den Lektionen 11-15

1
1. a,b, 2. b, 3. c, 4. a, 5. a, 6. a, 7. b, 8. b, 9. b, 10. b, 11. a,b,c, 12. a
2
1. b, 2. b,c, 3. a, 4. b,c, 5. b, 6. b, 7. a,c, 8. b, 9. b,c, 10. a,c, 11. b,c, 12. a,b,c

Test zu den Lektionen 16-20

1
1. b, 2. a,b, 3. a, 4. c, 5. b, 6. c, 7. a,b, 8. a,b, 9. b, 10. c, 11. b, 12. a
2
1. a,b, 2. b, c, 3. a,c, 4. a,b, 5. a,c, 6. a,b,c, 7. a, 8. b,c, 9. b, 10. b, 11. a,b, 12. a,b

Quellenverzeichnis

Seite 55:	Foto: MHV Archiv (Dieter Reichler)
Seite 57:	Realia: © Stichting Beter Zien, Amsterdam
Seite 71:	Foto: © Tourisme Vlaanderen, Brussel
Seite 78:	Foto: © VVV, Delft
Seite 79, 80:	Foto und Realia: © NS, Utrecht
Seite 87:	Foto: © Inmerc BV, Wormer
Seite 91:	Grafik: De Telegraaf, Amsterdam
Seite 95:	Text: Auszug aus Elsevier, Amsterdam
Seite 96:	Realia: Het Energiebedrijf, © Joep Bertrams, Amsterdam
Seite 99:	Text: aus Doe maar gewoon, Hans Kaldenbach, © Prometheus, Amsterdam
Seite 102:	Text: © Algemeen Dagblad, Rotterdam; Foto: © Miguel Gori, Amsterdam
Seite 105:	Foto: © Picture Press, Hamburg (SW 7/96)
Seite 106:	Text: © NRC Handelsblad, Rotterdam
Seite 114:	Text: Ministerie van de Vlaamse Gemeenschap, Brussel
Seite 120, 121:	Text & Fotos: © Interpay Nederland b.v., Utrecht
Seite 123:	Grafik: © Inmerc, Wormer
Seite 123:	Auszug aus: Van Dale Basiswoordenboek, 1996
Seite 128:	Foto: © Hij Mannenmode B.V., Utrecht
Seite 130, 131:	Text: © NS, Utrecht; Fotos: Tourisme Vlaanderen, Brussel, Niederländisches Büro für Tourismus, Köln
Seite 140, 148, 153:	Text: © NRC Handelsblad, Rotterdam
Seite 154:	Text: © NS, Utrecht
Seite 159:	Cartoon: © Algemeen Dagblad, Rotterdam
Seite 160:	Zeichnung: e. o. plauen, „Vater und Sohn" Gesamtausgabe, © Südverlag GmbH, Konstanz 1982. Mit Genehmigung der Gesellschaft für Verlagswerte GmbH., Kreuzlingen/Schweiz
Seite 161, 163:	Text: © NRC Handelsblad, Rotterdam
Seite 166:	Foto: © BMW, München
Seite 169:	Text: © NRC Handelsblad, Rotterdam
Alle anderen Fotos:	Jan Balsma, Amersfoort

Zeichnungen
Seite 17, 20, 45, 54, 84, 110, 138, 155: Paul Netzer, Berlin
Seite 71, 75: Lynn Breeze, Ipswich
Alle anderen Zeichnungen: Ofczarek! Köln

Wir haben uns bemüht, alle Inhaber von Bild- und Textrechten ausfindig zu machen. Sollten Rechteinhaber hier nicht aufgeführt sein, so wäre der Verlag für entsprechende Hinweise dankbar.

Grammatik- und Sachregister